茶余酒后

话红颜·大汉篇

韦尚田 著

哈尔滨出版社
HARBIN PUBLISHING HOUSE

图书在版编目（CIP）数据

茶余酒后话红颜.大汉篇/韦尚田著.—哈尔滨：哈尔滨出版社, 2020.10（2025.9重印）
ISBN 978-7-5484-5414-4

Ⅰ.①茶… Ⅱ.①韦… Ⅲ.①女性–历史人物–生平事迹–中国–汉代 Ⅳ.① K828.5

中国版本图书馆CIP数据核字（2020）第135531号

书　　名：茶余酒后话红颜．大汉篇
CHAYU-JIUHOU HUA HONGYAN. DAHAN PIAN

作　　者：韦尚田　著
责任编辑：赵宏佳　赵　芳
责任审校：李　战
特约编辑：李　路　唐婷婷
装帧设计：刘昌凤　秦　强

出版发行：哈尔滨出版社（Harbin Publishing House）
社　　址：哈尔滨市松北区世坤路738号9号楼　邮编：150028
经　　销：全国新华书店
印　　刷：北京东君印刷有限公司
网　　址：www.hrbcbs.com　www.mifengniao.com
E-mail：hrbcbs@yeah.net
编辑版权热线：（0451）87900271　87900272
销售热线：（0451）87900202　87900203

开　　本：880mm×1230mm　1/32　印张：8　字数：170千字
版　　次：2020年10月第1版
印　　次：2025年 9月第2次印刷
书　　号：ISBN 978-7-5484-5414-4
定　　价：49.80元

凡购本社图书发现印装错误，请与本社印制部联系调换。
服务热线：（0451）87900278

目录 Contents

羌地汉歌

第一回	张骞出使访西域	细君和亲嫁乌孙	001
第二回	入羌地苦唱悲歌	随胡俗祖妻孙继	006
第三回	解忧再嫁军须靡	肥王终得如意妻	011
第四回	从容不迫退匈奴	当机立断除狂王	016
第五回	侍女初试露锋芒	胡将比武生恋情	022
第六回	解忧失误丢好局	冯嫽出手挽狂澜	027

生死之恋

第一回	高祖和亲嫁公主	苏武持节访匈奴	032
第二回	虞常忠心杀卫律	单于恶意囚汉使	038
第三回	苏武射兔生悔意	鸿雁追鹿遇险情	043
第四回	箫声远诉思乡意	雁鸣长歌养育情	049
第五回	李陵持勇陷胡地	司马直言受腐刑	055

第六回	鸿雁生情嫁羊倌	苏武滴血悼汉皇	062
第七回	大雁拼死传书信	苏武忍痛别妻儿	068
第八回	苏武回朝复使命	鸿雁归家得团圆	073

曹月娥之梦

第一回	除奸相刘备结怨	打徐州曹操寻仇	077
第二回	刘备兵败投袁绍	张飞军溃遁芒砀	082
第三回	孟德爱才收关羽	云长惜玉放貂蝉	085
第四回	关羽力孤守下邳	曹操势众围土山	089
第五回	说利害张辽劝降	论得失关羽归曹	095
第六回	丞相实心敬义士	小姐真情慕英雄	099
第七回	他乡避祸改名姓	桃园聚义结死生	103
第八回	月娥操琴吐心曲	丞相赋诗抒豪情	109
第九回	入关宅月娥更名	留义士曹操弄婚	115
第十回	曹操嫁女别有意	张辽做媒动真情	119
第十一回	夫人有意牵良缘	将军无心结私情	125
第十二回	假使女明施卓艺	真小姐暗展慧心	130
第十三回	袁绍发兵占白马	关羽出刀斩颜良	136
第十四回	帅愚将蠢成败阵	相明士精定胜局	142

目录 Contents

第十五回	杀二将云长封侯	明一理曹操逼婚	148
第十六回	刘备捎书思义弟	关羽辞婚会皇叔	154
第十七回	别汉相封金挂印	送郎君留书传音	160
第十八回	关云长过关斩将	曹月娥易死重生	166

文君私奔

第一回	展才施情和《子虚》	穷途末路投王吉	173
第二回	摆席设宴为脸面	弹琴弄曲求知音	179
第三回	文君有心投情郎	相如无意得美女	185
第四回	相如有图开酒馆	王孙无奈舍钱财	190
第五回	文君细解《凤求凰》	司马畅写《上林赋》	196
第六回	文君智回绝情诗	相如奇谕安民赋	201
第七回	阿娇重金买旧爱	文君真情赋《长门》	207
第八回	相如闲生娶妾意	文君痛词挽君情	212

胡笳苦旅

第一回	蔡邕博学育才女	董卓霸道逼做官	218
第二回	曹操借刀杀董卓	文姬落难成胡妻	224

第三回	拥兵挟帝效董卓	黄金白璧赎文姬	229
第四回	文姬离胡别骨肉	胡笳动情诉伤悲	234
第五回	曹操做主拉郎配	文姬痛写悲愤诗	240
第六回	曹操杀人泄私愤	文姬救夫动真情	246

羌地汉歌

第一回　张骞出使访西域　细君和亲嫁乌孙

自打汉高祖刘邦实行和匈奴和亲的政策以来，汉代几朝中送出的公主都是冒牌货，只有汉武帝派出的细君才是货真价实的公主。

汉朝时的和亲不是简单的结亲家，而是团结一切可以团结的力量、化干戈为玉帛的策略。嫁过去的公主不只是去给人生儿育女，还肩负着促进民族和睦相处、传播中原文化的重任。

从汉高祖开疆辟业到汉武帝朝政中兴的近百年间，北方的匈奴不断进入内地、抢掠边民。汉朝历代都派兵清剿，怎奈匈奴都是骑兵，来无影去无踪，总是不能根除祸患。不得已才采用了和亲这一招儿。但是，因为匈奴人反复无常，这一招儿有时管用，有时没用，只能算是个缓兵之计。

细君公主外嫁和亲，嫁的不是匈奴，而是乌孙。

西汉时期，汉朝最大的外敌就是匈奴。汉高祖最先采用娄敬的建议，嫁公主为单于阏氏，也就是王后，年年送酒米丝帛，约为兄弟，冒顿单于的进犯有所收敛。高祖死后，冒顿单于狂称要"数至边境，愿游中国"；还在给吕后的信中说要让她当老婆。可恨的吕后自知国力不强，打不过人家，竟奴颜婢膝地说自己人老色衰，愿意给人家献上礼物和美人以求安宁。文、景二帝在位时，虽然继续奉行和亲的政策，但是匈奴的侵扰依然不断。到了汉武帝时，由于平定了七国之乱，国家统一，财力雄厚，决定对匈奴进行大规模的反击。在经过河南、河北和漠北三次讨伐之后，匈奴受到重创，元气大伤，无力再与汉朝对抗，向北远遁。

这期间，匈奴在侵犯中原的同时，还征服了西域三十六国中的大半，对他们进行奴役和剥削，挟持他们一起攻打中原。汉武帝从一个匈奴的俘虏口中得知，西域的大月氏自恃人多兵众，不愿归附匈奴，被冒顿单于打败。其子老上单于把月氏王的头颅砍下来，当饮酒的器具。西迁的大月氏一直想复仇。汉武帝就想用"断其右臂"的办法，把西域各国争取过来，共同对敌，就派张骞两次出使西域。经过十多年的努力，张骞和西域各国都有了交往，熟悉了他们的情况。于是，张骞向汉武帝建议："今诚以此时而厚币赂乌孙，招以益东，居故浑邪之地，与汉结昆弟，其势宜听……既连乌孙，自其西大夏之属皆可招来而为外臣。"乌孙是一个逐水草而居的游牧民族，人口有四十万，兵力有十万，原居敦煌和祁连山之间，后被大月氏打败，被迫归附匈奴。后来，大月氏又被匈奴打败，乌孙在匈奴的帮助下，又将大月氏赶出伊犁河一带，在这个地方居住下来。到汉武帝时，乌孙发展得最为强大，匈奴曾经攻打过它，都没有取胜。汉朝和乌孙结盟，无疑是对付匈奴的一个最有效的办法。汉武帝采纳了张骞的建议，又派他到乌孙去。张骞到了乌孙，对昆莫猎骄靡转达了汉武帝的旨意。昆莫是乌孙王的称号。但由于乌孙远离汉朝，又不知汉朝国力如何，猎骄靡当时并未应允，而是派了几十人，带了几十匹良马，特别是还带了两匹大宛的汗血宝马，随着汉使来到中原。

汉武帝这人不光喜欢诗词歌赋，还特别爱骑马射猎。乌孙送来的礼物他都没看上眼，唯独那两匹汗血宝马，令他爱不释手、神魂颠倒。听乌孙的来使讲，大宛有一座山，山上有一匹天马。大宛王要把天马弄到手，就想了一个法子：挑选了几匹最好的母马放到山下，引逗天马下来一起玩耍，这样一来，天马就跟这些母马有了感情，生了小马。这些小马长大了都是千里马，跑急了，流出的汗就像血一样的颜色，因为这个，起名叫汗血马。汉武帝得了这两匹宝马，一高兴，吩咐下属按最高规格招待乌孙来使。乌孙来使在这儿受到款待，又看到汉朝地大物博、国家富强，回去跟昆莫一说，猎骄靡立即答应与汉朝结好。

要说汉朝的公主哪一代数起来都得有百八十个的，和亲的重担怎么会落到细君的头上呢？

原来，细君的父亲是江都王刘建。刘建的爷爷和汉武帝刘彻的父亲是亲兄弟，算起来，细君还是汉武帝的孙女。当初，汉景帝立的太子是栗姬所生的刘荣，刘彻是汉景帝宠妃王夫人所生，被封为胶东王。因为汉景帝的姐姐馆陶长公主刘嫖想把自己的女儿陈阿娇许给刘荣，希望她将来能做皇后。可是栗姬不同意，馆陶长公主非常生气，就把目标转到刘彻身上，经过一番见不得人的努力，终于让景帝废了刘荣，改立刘彻为太子。景帝一死，刘彻就当了皇帝。江都王刘建不服，就想谋反。结果事泄，全家被斩。按照汉律，谋反当诛九族。如果按照这个逻辑，皇室宗亲谋反，皇上也要受到株连。所以，在那个时候，刘氏皇亲犯了死罪，只追究本家，不连带族人。刘建一家被斩，细君当时还在襁褓。汉武帝手下留情，发了善心，给刘建一家留下了这条根。细君被刘建的哥哥刘胥收养了。后来,刘胥继承了江都王位,细君还叫江都公主。刘胥对细君很好,视如己出,从小就对她悉心护养,教她识字、读书,学针黹女红、膳食厨艺,让她学会自立。

细君十六岁那年,正好汉武帝选派公主到乌孙和亲,皇上本已选中刘胥之女。刘胥就奏请皇上改派细君。刘胥这样做,倒不是舍不得自己的女儿,他是为细君着想。按习俗,公主不能下嫁臣民,只能跟和皇室沾亲带故的人结亲。可是,细君是个罪王之女,谁敢要她?即使嫁过去,因为沾不着娘家光,恐怕也要受歧视,被人瞧不起。细君嫁到西域,虽然远隔千里,风俗言语不通,但毕竟是个王妃,没人欺负。一个女人嫁给谁都是一生,只要日子过得好就行。这也是"嫁出去的女,泼出去的水"的重男轻女的封建观念在刘胥的头脑中作怪的结果。

汉武帝同意了刘胥的请求,决定让细君出嫁乌孙。汉武帝为细君考虑得挺周全,首先封她为细君公主。然后,又陪送了大量的嫁妆,派了一百多个仆人随同前去。怕她住不惯毡房,还特意派了一些工匠,专门去给她建造了一座宫殿。汉武帝怕她孤身在外,寂寞难耐,特意给她做了一个乐器——阮,也就是秦琵琶。

说心里话,细君并不愿意去和亲,虽然是做王妃,但那是异国他乡,远离亲人故土。独特的身世让她知道自己尽管长得很美,但却不能存在奢想,不能妄求大富大贵。她暗暗相中了叔叔手下的一个普通侍臣,那个侍臣对她也有意,她希望能够安安稳稳地度过一生,但皇命不可违,她只好含泪上路了。

从京城到乌孙,有八千九百里远,因为道路不畅,足足走了半年多。和亲的队伍出发时,大地刚刚化冻,到了西域的时候,遍地都铺满了白雪。

车队走到灵璧的时候，正值西风扫落叶，黄沙满天飞，南飞的大雁嘎嘎地鸣叫着，穿过厚重的云层急速飞去。细君在殷岭山下停了辎车，站在山脚，手扶石壁，久久地回头望着，眼里的泪水无声地顺着脸颊流到脚下。刚刚经过虞姬的墓地，她感慨万千，思绪难平。

不过是一百多年前的事，虞姬和项羽，一个美人，一个猛将，互相爱慕，最后却一个拔剑自尽，一个乌江自刎。坚贞的爱情悲剧在苍茫大地留下悠长的回响："力拔山兮气盖世，时不利兮骓不逝！骓不逝兮可奈何，虞兮虞兮奈若何？"想到虞姬寂寞地躺在荒无人烟的地方，细君就不寒而栗。她知道，从此一别，不知道是否还能再踏上故土。

也许是她手扶石壁的时间太久了，也许是她留恋故土的痴心感动了天地，细君的手竟在石壁上清晰地留下了手印。当地的工匠被她思乡的那份真情所感动，就在她手摸石壁的地方，刻了一个手印。一千多年以后，元代钱塘诗人钱惟善游览至此，曾写了一首诗，其中有这样的诗句："万里穷愁天一方，曾驻鸣镳倚灵璧。灵璧亭亭立空雪，石痕不烂胭脂节。"

这正是：

西出阳关无故人，望断归尘思断魂。
从此一别绝回路，荒草萋萋葬孤坟。

第二回　入羌地苦唱悲歌　随胡俗祖妻孙继

　　细君嫁给了乌孙王猎骄靡，才走到半路，匈奴就听到了这个消息。怕乌孙和汉朝和好，匈奴单于马上也把自己的女儿嫁了过来。猎骄靡封细君为右夫人，封匈奴公主为左夫人。在汉朝，按习惯先右后左，右为尊。在西域恰恰相反，他们以左为尊，再加上匈奴人和乌孙人的语言、风俗习惯基本相同，匈奴公主很快就和乌孙人打成了一片，成了一家人。

　　匈奴公主长得很漂亮，性子也野，很得猎骄靡的喜爱。匈奴公主就以正妻自居，常常欺负和刁难细君。猎骄靡总爱骑马射猎，每回都带着匈奴公主。匈奴公主假装好意地让细君也跟着去玩。到了草甸子里，趁人不注意，用鞭子尖狠扎了细君的马屁股一下，那马突然受了惊，撒腿狂奔起来。细君本来就不会骑马，那马一跑，就把她甩下来了，摔得很多天都起不来身。匈奴公主还常常在众人面前说细君的坏话，看人家瞅着她哈哈大笑，细君又尴尬又莫名其妙，她听不懂胡语，不知人家说的啥。

　　细君是个很有心计的女孩儿，她知道自己在这儿孤立无援，什么事都只能靠自己。她忍受着匈奴公主的欺负和嘲弄，默默地做着自己能做的事。她把随身带来的财物赏给猎骄靡身边的人；把自己的首饰珠宝赏给王府内做工的女人,还教她们做针线活,绣花、缝裙子,教她们做饭,做各种好吃的。特别是,她还和猎骄靡的孙子岑陬(岑陬是官号,名军须靡)做了好朋友。俩人年纪相同,岑陬还会说些汉话。细君就让他教自己乌孙语,她用汉话给岑陬讲汉人的故事和传说。岑陬被她讲得入了迷,晚上就找来很多孩子,在草甸子里点起篝火,让细君给大伙儿讲。细君给他们讲孟母择邻的故事,给他们讲嫦娥奔月的传说,讲大禹治水三过家门而不入。讲得最多的是汉高祖打败项羽,创立汉业,和汉武帝派兵三次攻打匈奴的故事。

细君就这样成了草原上最受乌孙人欢迎的人,大人、孩子都亲热地叫她"柯木孜公主",说她是飞翔的天鹅、草原上的月亮。

细君感受到了在乌孙的一份欢乐。这种欢乐也让她加重了远嫁他乡异国的使命感。但是,这种欢乐毕竟是短暂的,更多的是无法排遣的孤独和苦闷。猎骄靡年纪大了,不喜女色,有一个匈奴公主在身边就够了,一年里也就能到细君的宫里一两回。细君嫁给猎骄靡实际上等于守活寡。可想而知,一个不到二十岁的结了婚的女孩儿能耐得住这份寂寞吗?

孤独和苦闷,寂寞和空虚,简直让她度日如年。

寂静的夜里,细君睡不着,只能与阮为伴。这是汉武帝命人专门给她做的阮。细君身边无伴,有话无处说,只能用它解闷,抒发心中的忧愁。

细君轻轻地弹奏着阮,一支歌从心底悠然升起:

吾家嫁我兮天一方,远托异国兮乌孙王。
穹庐为室兮毡为墙,以肉为食兮酪为浆。
居常土思兮心内伤,愿为黄鹄兮归故乡。

这是一支悲愁歌。细君在唱这首歌的时候，一个个音符就像是一滴滴鲜血从她的心头流淌出来，化成一只只展开翅膀飞翔的小鸟，穿过茫茫的草原，越过层层的山峦，钻出厚厚的云层，迎着东方升起的太阳，飞到日思夜想的故乡。尽管那里没有她的父母，没有她的兄弟姊妹，但是，那里有她挂念的亲人和土地。

每一个人都眷恋故土，就像大树离不开脚下的泥土。这是天性使然。

悲愁歌传到了中原，传到了汉武帝的耳朵里。汉武帝一遍一遍地吟着这首歌，心里一遍一遍地受到震撼和刺痛。他不是个昏君，不是麻木不仁的冷血动物。他能体会到一个羸弱女子孤苦无依地在遥远他乡的那种痛楚的心情，他能理解，能同情，偶尔心底也会升起一丝怜悯，怜悯到想派人马上把她接回来。

但是，这个念头只不过是一闪念而已。汉武帝毕竟是个皇帝，他得从大局着眼。

汉武帝能做的就是不断地派人去看望细君，给她带去丰厚的礼物。

事情突然起了变化。乌孙王猎骄靡年纪大了，自知在世的时间不会太长了。他在死前做了安排，要把细君嫁给他的孙子岑陬为妻。这对于在严格的封建礼教家庭长大的细君来说，不亚于一个晴天霹雳。细君和岑陬的关系很好，俩人话能说到一起。细君从未把他当作晚辈，一直当作朋友。但如今要把她嫁给岑陬，她无论如何也无法接受。她知道胡人都有这种父死子继、兄死弟继的"收继婚"风俗，可是落到自己头上，她在情理上还是很难接受这个现实。她把岑陬当作兄弟都可以，但是做夫妻，这种行为，在她看来就是有违人伦的。

细君想逃回中原，但这只能在梦中想想而已。昆莫猎骄靡不会让她离开，反倒怕她想不开，有个什么好歹，还派了几个卫兵成天成夜地看着她。

细君无奈,只好给汉武帝写信,请求皇上把她接回去。

从乌孙的昭苏到京城长安,最快的好马也得跑上一个多月。

等待似一把尖刀,剜得细君的心天天在滴血,随着远去的马儿洒落一路。

不知哪一天,细君的满头青丝里竟生出了白发!

汉武帝的回信终于到了。

细君打开,只见玉帛上写道:"从其国俗,吾欲与乌孙共灭胡。"

玉帛从细君的手中飘落在地,她欲哭无泪。

这时候,她知道自己不是一个有血有肉、有七情六欲的年轻女人,只是一个被人戏弄于股掌之中的玩物。

细君想到了死,可是,总觉得还有没做完的事。是什么?她说不清。

老昆莫猎骄靡死了。

乌孙的国王死了,没有什么追悼的仪式。乌孙的国王娶亲,也没有庆贺的仪式。

年轻的岑陬继承了爷爷的王位,自然而然地把爷爷的年轻妻子都收继为自己的妻子。

细君当然不能例外。

岑陬军须靡娶了细君很高兴、很满足。他很喜欢细君,很宠爱她。

细君和岑陬年纪相仿,平时关系又很好,照实说,她成为岑陬的妻子,应该有夫妻的欢乐。可是,她高兴不起来。

细君的心死了。她就是别不过那个劲儿,奶奶和孙子结婚,这个名声传到中原,她还怎么有脸回去?

细君还做着有朝一日回故土的梦。

有梦才有希望,才有活下去的力量。

过了一年,细君生了一个女儿。

一个幼小生命的诞生,又给了母亲一线实现梦想的希望。

可惜细君没有等到梦醒的那一天。她得了产后风,不久就死去了。

那一年,她才二十三岁。一个正值妙龄的女子就这样香消玉殒了。

她揣着一个祈盼的梦死去,灵魂在天堂里也会安息。

这正是:

  江都公主去和亲,梦里也唱黄鹄音。
  可怜芳魂花落去,到死没做故乡人。

第三回　解忧再嫁军须靡　肥王终得如意妻

　　细君死后,岑陬军须靡很伤心。为了延续乌孙和汉朝的友好联盟,岑陬军须靡又上书汉武帝,请求继续联姻,再派一个公主过来。

　　这个和亲的担子就落在了解忧的身上。

　　解忧和细君的身世差不多。她的先祖刘交是高祖刘邦的小弟弟,因为作战有功,被封为楚王。刘交博学多才,重用贤良,口碑很好。他死后,次子刘郢客继承王位。刘郢客的名声也很好,他望子成龙,聘请了天下的名师和优秀的人才聚集在都城彭城,给儿子传授学业的申培公是两代楚王的好友、鲁诗学派的鼻祖;辅佐政事的韦孟是刘交和刘郢客的老师,闻名于世的儒学家。可惜,刘郢客死得太早,他的儿子刘戊狂妄自大、目无尊长、不学无术、骄奢淫逸,是个极不成器的混账东西。申培公被他羞辱而走,韦孟也心寒离去。他还早早就为自己修建陵墓,其规模都超过了皇帝。后来因为在薄太后服丧期间行为不端,被正在主张削藩的晁错以私奸罪参了一本。汉武帝念其是皇室宗亲,没有治他的罪,只把他的封地东海削去。刘戊心怀不满,参加七国之乱,兵败自杀身亡。

　　解忧就是在这个时候出生的。她的家已破败,住处简陋偏僻,朝野无人问津,解忧百天,没有一人前来庆贺。家人给她取名解忧,实际是一种寄托和安慰。谁也没有想到，就在解忧二十岁这一年，汉武帝会降旨到她的头上，让她嫁给乌孙王岑陬军须靡。谁也没有料到，这个名字会流芳后世。

解忧的性格和细君截然不同，她并不多愁善感，苦难的童年和少年生活，让她学会了坚韧、乐观、开朗。皇命不可违，让她离家远行，她没有悲伤，也没有哭泣，而是坦然面对、欣然前往。为国尽忠，人人有责。再说，从她被封为解忧公主的那一刻起，她就改变了家庭的命运，重新被承认为皇室一员，自己能起到这个作用，应该感到很庆幸，很荣耀，何乐而不为？

解忧的家人并没有来送亲，陪在身边的只有常惠。

解忧和常惠是多年的邻居，又是儿时的玩伴。俩人是一块儿长大的，互有好感。怎奈，常惠是个平民，解忧家再遭难也是王室，门不当户不对。后来，常惠进京当了侍臣，正好赶上解忧和亲远行，朝官都不愿去受长途跋涉之苦，常惠就主动揽下了这个差事。一路上，多亏了常惠相伴，解忧才在漫漫九千里的苦途中不致那么孤单。当然，解忧和常惠的心里都有一种说不出的难受。

乌孙的夏都特克斯草原，六月的天湛蓝如洗，万里无云；六月的草原绿浪滚滚，鸟语花香。乌孙的臣民在草原上举行盛大的庆典，迎接汉朝新公主的到来。人们载歌载舞，尽情欢唱。这种欢乐和热情让远离亲人的解忧又感受到了家一样的温暖。

美丽、端庄、大方的解忧公主尽管受到了岑陬军须靡的喜爱，但还是像细君一样，当了右夫人。她的到来，同样受到了匈奴公主的歧视、刁难和排挤。

解忧就是解忧，她的与众不同之处就是不卑不亢、知难而进。她充分发挥自己的长处,经常深入到牧民中去,帮他们解决一些实际困难,每次洪灾、旱灾和地震,她都跑到最前头,和大伙儿一起抗灾。她还教牧民种树种地,说服乌孙王和部落长老开通大宛、康居和塔里木各城的通商口岸。

解忧毕竟是个汉人,语言和风俗都和乌孙不同,加上又是右夫人,地位比左夫人匈奴公主低。两个女人争一个男人,实际上就是争一个国家,谁得宠,乌孙就会向谁靠拢。让解忧处境艰难的是她好几年没生下一儿半女。而匈奴公主却生了个儿子,叫泥靡。不用说,在岑陬军须靡的眼里,得宠的自然是匈奴公主。

就在解忧眼看着乌孙和匈奴的关系日益靠近的时候,事情突然发生了转折。岑陬军须靡死了。他在死前立下遗嘱,因为儿子泥靡年幼,让堂弟翁归靡继承王位,待泥靡长大后,再把王位还给他。

按照乌孙的习俗,解忧和匈奴公主自然又成了翁归靡的妻子。翁归靡号肥王。想不到肥王特别中意解忧,对她宠爱有加,言听计从。

说起来,翁归靡喜欢解忧很长时间了。翁归靡是岑陬军须靡的得力助手,二十多岁了还没娶亲。解忧自告奋勇地要去各部落给翁归靡选亲。她带着翁归靡走了好几个匈奴部落,看了很多姑娘,翁归靡都没相中。解忧急了,问他:"这个相不中,那个相不中,你到底还要不要媳妇?"

翁归靡瓮声瓮气地说:"要,当然要了!"

解忧说:"那你到底要啥样的?"

翁归靡憋了半天说:"就要像你一样的。"

解忧红了脸说:"那行,我回去就跟大王说,派人去长安给你说一个。"

翁归靡也红了脸，吞吞吐吐地说："不是和你一样的，我还不要。"

解忧知道了他的心思，假装嗔怒地说："你胡说，天底下哪有和我一样的？"

回去的路上，他们遇到了劫匪。翁归靡为了保护解忧受了伤，马也受了伤不能骑了，他只好和解忧同乘一匹马，当这个壮硕高大的男子汉的胸膛贴到自己的后背上，解忧竟莫名地生出一种突然有了依靠的感觉。

翁归靡娶了解忧，真可说是如愿以偿，能待她不好吗？

翁归靡力排众议，打破历来都以匈奴姑娘为大的老规矩，改解忧为左夫人，匈奴公主为右夫人。

解忧有了翁归靡的支持，首先把她既是助手又是姐妹的侍女冯嫽提为乌孙的副丞相，当她的全权代表，替她处理国内外的各种要事。在很短的时间里，乌孙的经济得到了很大的发展。民间贸易往来也十分活跃，乌孙和四邻的关系也空前和睦，天山南北都留下了友好的足迹。乌孙国出现了一个前所未有的大好局面。

解忧和翁归靡育有三儿两女。长子元贵靡文武兼备，被立为王储。后来，乌孙分裂为大小两国，元贵靡当了大昆莫。次子万年风华正茂、年轻有为，多次到长安去学习，被年老的莎车国王看中。当时莎车国的百姓都想依附汉朝，也想讨好西域最大的乌孙，在莎车国国王无嗣的情况下，因万年有一半乌孙血统一半汉人血统，莎车国国王特意去乌孙，向解忧和翁归靡提出请求，让万年在他死后去做莎车国国王。解忧征得了汉朝的同意，万年到莎车国当了国王。从此，莎车国和汉朝、乌孙的关系日益亲密。匈奴看到这种情形，担心引起西域各国的效仿，就极力挑拨莎车国内部，莎车国王的弟弟呼屠征发动叛乱，在这场争斗中，万年不幸战死。

解忧的三子叫大乐，是有名的战将，在多次战斗中都立下大功，在乌孙国英名远扬。

解忧的长女弟史长得特别美丽，而且多才多艺。解忧早年的好友常惠把她送到长安学习乐舞演艺。恰好，年轻的龟兹国王绛宾也在京城，见了弟史非常爱慕。就在弟史回国途经龟兹的时候，龟兹国王大胆地扣留了弟史，来了个先斩后奏。解忧对绛宾很有好感，就同意了这门亲事。绛宾娶了解忧的长女弟史为妻，以做了汉家女婿为荣。弟史和绛宾感情很好，两口子年年到长安去考察学习，把汉朝的文明礼仪都传了回去，还照着汉朝宫廷的样式建造了宫殿，采用汉朝的制度，衣食住行都效仿汉人，同时，他们也把龟兹的美妙歌舞介绍到中原。

解忧的次女叫素光。嫁给乌孙若呼翕侯。素光善持家理财，相夫教子，深得乌孙百姓敬爱。

至此，西域各国都争相和汉朝交好，乌孙和长安之间人员、书信往来不断，关系日益亲密。

这正是：

楚王是非任评说，逆境拼就为国歌。
踏遍天山结友好，美名长留伊犁河。

第四回　从容不迫退匈奴　当机立断除狂王

乌孙是西域三十六国中的老大，乌孙和汉朝和好，实力和经济都得到了提高和发展，人民安居乐业，其他各国自然纷纷效仿。眼看着西域各国和汉朝的关系越来越近，和匈奴的关系渐行渐远，匈奴王壶衍鞮恼羞成怒，一面发兵，利用车师国当跳板，向乌孙进攻，侵占了东部恶师、车延等地大片领土；一面派人到乌孙去，威胁乌孙王背离汉朝，交出解忧公主，否则就灭了乌孙。一时，乌孙国内人心惶惶，亲匈奴的一些王廷成员都撺掇翁归靡舍小求大，交出解忧，以便自保。

翁归靡有些犹豫。解忧对他说："倘若你交出我能够求得平安，我没有可怕的。可是，你想过没有，咱们好不容易得到现在的国富民强的局面，你还想像从前那样受他们欺压吗？"

翁归靡说："依你看怎样？"

解忧说："咱们兵力现在也不弱，只要全力抵抗，恐怕匈奴很难取胜。咱们马上向汉朝求助，只要汉兵一到，东西两下夹击，不愁匈奴不灭。"

翁归靡坚定了抗击匈奴的决心。当下，俩人分头行动。翁归靡亲自领兵上了前线；解忧下到各个部落去说服首领出兵、挑选战马和筹备前线用的粮草等军需之物。由于乌孙举全国之力抗击匈奴的侵略，进犯的敌人始终没有攻入伊犁河谷。这期间，正赶上汉昭帝死，汉宣帝继位，汉朝忙于国内乱事，无暇他顾，四五年的时间没有出兵相救。乌孙全靠自己抗敌。汉宣帝坐稳了龙椅，才派大将军霍光发兵十五万，分五路向匈奴进攻。匈奴王壶衍鞮不敢迎战，连忙后退。这时，常惠已经持节来到乌孙。常惠和苏武出使匈奴被扣留了十九年，俩人始终坚贞不屈，矢志不降，直到匈奴与汉修好，才得以回国。因他熟悉乌孙情况，这次出兵援救乌孙，他自告奋勇当了先行的使者。他和翁归靡抓住时机，直捣匈奴右谷蠡王的老巢蒲类海，把壶衍鞮的叔叔、嫂子和女儿都抓住当了俘虏，这一仗，共俘虏了三万九千个匈奴士兵，缴获牛、马、羊、骆驼等牲畜七十多万头。

匈奴王壶衍鞮不甘失败，亲自带一万精骑来偷袭赤谷城，没想到，解忧早已组织乌孙牧民做了防备。壶衍鞮扑空，回去的路上，恰值一场罕见的暴风雪，壶衍鞮的兵马被冻死十之有九，他自己也差点送了命。接下来的几年，匈奴受到乌孙和北边的丁零、东边的乌桓的三面夹击，连连败退，损兵折将，变得不堪一击，无力再和各国征战。西域各个小国借机纷纷宣告独立，不再向匈奴称臣纳贡。

自此以后，匈奴不敢向西域各国施压，更不敢和汉朝作对。壶衍鞮单于还想和汉朝和亲，可是，今非昔比，汉朝和匈奴的国力，一个蒸蒸日上，一个日暮西山，汉朝当然不理他这个茬儿了。

常惠因为救援乌孙有功，被封为长罗侯。解忧在乌孙声名远扬。乌孙国在解忧和翁归靡的治理下，出现了空前稳定和繁荣的大好局面。

美好的时光就像天空飘荡的云朵一样，总会随风而去。

匈奴的大败，使翁归靡看到了和汉朝友好的重要性，他上书汉朝，请求为儿子元贵靡再娶一个汉朝的公主。汉宣帝同意了，又选派解忧的侄女刘相夫来和亲。经过一番准备，送亲的队伍浩浩荡荡地上路了。

走到敦煌，还没出塞，突然传来肥王翁归靡去世，军须靡的儿子泥靡继位的消息。汉宣帝赶快把送亲的队伍撤了回来。

按照先王岑陬军须靡的遗嘱，翁归靡只是暂时代理王位，待军须靡的儿子泥靡长大再交给他。现在，翁归靡死了，他立的王储元贵靡还太年轻，自然，乌孙的贵族推举泥靡担当乌孙的国王。

泥靡已经二十多岁了，他早就窥视这一天了。

泥靡是个不成器的东西，他性格暴躁、桀骜不驯，被人称为狂王。他是匈奴的外孙，一上来，立马露出亲近匈奴的姿态。解忧多年努力换来的大好局面眼看就要付之东流。

解忧心急如焚，想来想去，决定嫁给狂王，以便控制局面。

狂王有一半匈奴血统，按族规，七代之内不能再娶匈奴女子为妻。

起初，解忧处处讨好狂王，耐心地规劝他，并为他生了一个儿子。可是，他们的夫妻关系始终不和，有时紧张到剑拔弩张的程度。

狂王的所作所为也引起了全国人民的不满，原来拥护他的那些人也都弃他而去。

乌就屠是翁归靡和匈奴公主所生的儿子，是泥靡同母异父的兄弟。但他也对泥靡的胡作非为不满。解忧在关键的时刻做出了一个惊人的决定：除掉狂王！

这时，正好有汉使魏和意和任昌来赤谷城。解忧征得汉使的同意，就联合乌就屠设了鸿门宴，准备在宴席上刺杀泥靡。谁知，假装端酒上来的杀手，在泥靡接杯的时候，看见泥靡瞪着眼睛瞅他，心虚手抖，一刀刺过去的时候，泥靡一侧身，只刺中了胳膊，泥靡大吼一声狂奔出了帐篷，骑马而去。

刺杀不成，乌就屠害怕，连夜逃出了赤谷城。

泥靡的儿子细沈瘦带兵包围了赤谷城。解忧一面组织人马抵抗，一面向汉朝求救。乌孙的贵族也让狂王泥靡上书朝廷："我与汉家公主相亲相爱，乌孙国泰民安。只因汉使魏和意、任昌进入乌孙后，策划鼓动公主弑君，粗暴地干涉乌孙的内政，致使百姓血流成河、局势不安。还望大汉天子主持公道，为遭伤害的乌孙昆莫和百姓做主。否则，乌孙将不再尊崇汉皇帝，乌孙和汉朝的友好也将化为乌有。"

因为解忧公主的努力，乌孙和汉朝的关系一直很好，汉宣帝很放心，已经多年没有过问乌孙的事情了。泥靡当上昆莫后，主动向汉朝上表称臣，宣帝把他看作盟友属王。没想到突然出了这个变故，宣帝很是愤怒。再加上他的宠臣、位居大鸿胪的萧望之等一直对乌汉联盟不看好，反对汉臣参与乌孙内政。萧望之贴在宣帝的耳边说："乌孙地处偏僻，远离汉朝，说不定什么时候就会发生叛乱，朝廷鞭长莫及，只有任其自然，不应有所制约干涉。魏和意、任昌擅杀泥靡，导致乌孙叛汉，罪不可赦，必须杀之，以儆效尤。"汉宣帝为了安抚泥靡，赶紧派中郎将张遵率一个使团，带着名贵的医药来给泥靡医治敷伤，赏给他二十斤黄金，还有大量的绫罗绸缎和礼品，承认他为乌孙的国王。同时，把魏和意与任昌就地处死。

由于萧望之等人处境安逸，体会不到解忧公主身处孤境的苦衷，也不理解汉使在千里之外的果敢决断，致使汉宣帝听信了他们的谗言，没有发兵除掉泥靡，反而滥杀了无辜。但是宣帝并不昏庸，他知道解忧的难处，心里还惦记着她。

解忧公主在汉宣帝的心中还是挺有分量的。当初，匈奴进犯乌孙，公主求援，他兵发五路增援；翁归靡要汉朝再派个公主给他儿子做媳妇，以续永好，汉宣帝隆重地送刘相夫出境和亲；翁归靡死了，汉宣帝赐"黄肠题凑"予以厚葬。

汉宣帝又派了使臣张翁前去乌孙，表面上是支持狂王，实际上是要暂时平息事端，避免狂王借此反汉，从而缓解解忧公主的处境，有时间了解到真情，以便做出相应的决策。汉宣帝还特意安排了副使季都随行，让他找机会杀死狂王。没有想到，张翁是个以汉武帝时的酷吏张汤为榜样，又根本没有张汤会察言观色、唯皇帝马首是瞻的本事的蠢材。他根本没有领会皇上的意图，以为皇上杀了魏和意和任昌，也一定会治解忧死罪。到了赤谷以后，他当着泥靡的面审问起解忧来，他还抓住解忧的头发，打了她一个嘴巴，骂她破坏了乌汉两国的关系，给她定了死罪，关在牢里，等上报朝廷后处决。解忧找机会给汉宣帝发去一封密信。汉宣帝大怒，下令把张翁抓回去杀了。副使季都因为率人精心医治狂王的伤痛，很得狂王欢心。在返回长安的时候，狂王只带了几个护卫送行，季都多次有下手的机会，却都无动于衷。回来后，也被处了宫刑。

乌就屠逃到北山，扬言要借匈奴的兵来平叛。一时，乌孙国内的亲匈奴派势力和各部落首领都归附了乌就屠。狂王不知道他参加了预谋，还以为他聚兵是要反汉，就到北山来见他，想要拉拢他。

狂王自己送上门，乌就屠岂能放过这个机会。他和狂王本是一个爷爷，心里正为当不上昆莫有怨气。他见了狂王如同见了仇人，不由分说，立马将狂王拿下，乱刀杀死。

乌就屠就此自立为王。他扬言要把匈奴的兵引进来。匈奴真要趁此机会打进来很容易，那样，乌孙和汉朝结好的局面就彻底完结了。

汉宣帝命破羌将军辛武贤率兵一万五千人进驻敦煌，准备攻打乌就屠。西域都护府都尉郑吉建议暂缓用兵，先派和乌就屠关系很好的冯嫽去说服，看看情况再说。

冯嫽不顾个人安危，毅然前往北山，一人去见乌就屠。她利用好友的身份，动之以情，晓之以理，陈说利害。乌就屠心动，同意让出王位只当个小王。至此，一场危机化解。

元贵靡做了乌孙的大昆莫，乌就屠做了小昆莫。乌孙国一分为二，和平相处。

解忧六十五岁那年，乌孙举国欢庆，万民同欢。常惠受朝廷派遣，特意前来祝寿。宴席上，常惠即兴作诗，唱道：

> 美丽的赤谷城群山环抱，
> 清甜的阗池荡漾着万顷碧涛，
> 如云的乌孙塔松比天还高，
> 各族人民唱着歌谣如百鸟朝凤，
> 四海之内都知道大汉王朝无比富饶，
> 乌孙的兴盛都是乌汉联盟的功劳，
> 勇敢智慧的乌孙王是草原的骄傲，
> 汉家公主的威名远扬天涯海角。

解忧七十岁那年，上书汉朝："年老思土，愿得归骸骨，葬汉地。"皇帝动容，准予所请，派使接回，亲自出城相迎。五十余载，去时正值青春年华，归时已是白发妪。

这正是：

峥嵘岁月献西天，荒漠异域写新篇。

笑看老妪归来时，万众相迎在长安。

第五回　侍女初试露锋芒　胡将比武生恋情

盛夏的斯克特草原天高云淡，风和日丽，草长莺飞，牛羊欢唱。

这是一个大喜的日子，大汉公主解忧和亲嫁给乌孙王岑陬军须靡，今天车队来到乌孙的赤谷城，在草原上举行盛大的婚礼。

解忧公主送亲的车有上百辆，军须靡迎亲的队伍排出十里长。乌孙的王廷成员和贵族，还有各部落特意赶来的首领，加上远近拥来的牧民，草原上人山人海，比任何节日都热闹、欢乐。白天，主要是杀牛宰羊，摆宴庆贺，晚上，点起篝火，开始歌舞，才是庆贺婚礼的高潮。篝火围着一顶硕大华丽的帐篷点起，男女老少穿着鲜艳的衣服，戴着用野花编成的花环，尽情地唱啊跳啊。这时候，无论君臣，无论老少，都可以无拘无束地玩耍、说笑、歌唱、跳舞。军须靡的得力助手、年轻的右大将库尔查首先吹奏一曲胡笛，他吹的虽是汉曲《江南》，但那粗狂、豪放的韵味让人不由得热血沸腾，心情激荡。

一曲吹罢，有人喊：“新娘子也来一个！”

解忧本性开朗大方，她毫不矜持地拿起琵琶，弹了一曲古典优美的《幽兰》，又弹了一曲格调高雅的《白雪》。琴音有吟有诉，有咏有唱，婉转怡情时如百鸟朝凤，高亢激越时似军鼓擂鸣。弹琴的入神入境，听乐的如痴如醉。

曲罢音停，全扬一片寂静，忽然掌声、喊声雷动如潮，有人大喊一声："新娘子再跳个舞！"随即，万人应和："跳一个！跳一个！"

解忧微微一笑，转头对身边的一个红衣侍女说："你去跳吧，我来弹琴。"

那红衣侍女年龄和解忧相当，长相俊美，身材苗条。她蹙眉一笑，走到人群中间，脱去红衣斗篷，露出一身白纱素衣，取下腰间佩戴的宝剑，随着琴音轻移莲步，舒展玉臂，轻柔、舒曼地跳起汉廷剑舞。她像一朵出水的芙蓉，又像一只飞舞的丹凤。

人们一边看着一边发出赞叹。

这时候，库尔查突然拔出佩刀，跳到场地中央，大声说："你跳得倒是挺好，只是你比画的都是花架子。要是真有功夫，敢不敢跟我比试比试？"那侍女瞅瞅眼前这个高大威猛的年轻汉子，又把目光转向解忧。解忧点点头说："小嫽，就陪库尔查将军练一练吧！"

小嫽冲库尔查一拱手，说："将军请！"

库尔查和小嫽对打起来。

乌孙人和匈奴人一样，马上能征善战，但地上的功夫实在不能和汉人的武功相比。虽然库尔查壮实勇猛，怎及小嫽步伐灵活、身轻如燕。几个回合，库尔查已气喘吁吁、满头大汗。库尔查心急，一刀猛刺过去，小嫽一个箭步已蹿到他的背后，待他回过身来，小嫽的剑尖已至心窝，他急忙用刀去挡，手却触到了剑刃，当啷一声，刀落在地上。小嫽一见，回手用剑割下自己的玉衣下摆，给库尔查包扎伤口。四只手不经意地相交在一起，两个人立刻都红了脸。

库尔查从靴筒里抽出一把小巧的羊角匕首，递给小嫽，又冲她鞠了一躬，拔腿跑了。

小嫽捧着匕首，疑惑地望着解忧。解忧含笑说："这是将军的美意，收下吧！"

人群立时爆发出雷动的欢呼声。

解忧和小嫽都不知道，这种羊角匕首是定情的信物，乌孙男子主动给姑娘这个信物，表示一辈子爱她，非她不娶，而且还会对妻子言听计从。

军须靡很惊异，指着小嫽问解忧："她是你的什么人？"

解忧拉过小嫽，笑着说："她是我的侍女冯嫽，也是我的金兰姐妹。"

军须靡赞叹地说："想不到，你的侍女都这么了不起！"

冯嫽虽说是个侍女，但她确实很了不起。她是个穷人家的孩子，从小父母双亡，由大她两岁的哥哥领着她讨饭度日。她八岁那年，与哥哥失散，她被解忧家收留，梳洗打扮过后，露出了美丽的面容，从此和解忧为伴。她天资聪慧，机敏过人。她陪解忧读书，解忧读过一遍，她已能将全文记住，当场背诵。解忧弹琴，无论什么曲子，她都能随着音乐跳出优美的舞蹈。解忧刺绣，想绣什么，她都能先画出底样。更招人喜欢的是，她很会说话，小孩子往往说的都是大人话，还在情在理，叫人听了很舒服。解忧很喜欢她，她俩成了形影不离的小伙伴。

冯嫽和解忧同岁，比解忧大几个月，所以，解忧没把她当侍女，反倒一口一个"小嫽姐"地叫她。

冯嫽从十二岁就开始练习武艺，教她武功的师傅说："你一个女孩家学这个有啥用？"

她说："我要保护我家主人。"

师傅很为她的忠贞感动，把自己的本事都认真地教给了她。

解忧和冯嫽长到二十岁了，都没有出嫁。古时，二十岁的女子不出阁是会被认为不正常的。解忧张罗给她找个人家，冯嫽不同意。

解忧说："我是罪臣之女，高不成低不就，一辈子不嫁，我也认了，我不能耽误你呀！"

冯嫽说："我愿意一辈子陪着你。"

汉武帝降旨命解忧去和亲，解忧一开始有些不愿意。冯嫽开导她，说："你知道皇上为什么会选上你吗？因为你和细君公主的性格不一样，她多愁善感，郁郁寡欢，最终英年早逝。你拿得起放得下，定能够不负圣望，完成和亲的使命。"

解忧还是闷闷不乐。冯嫽说："我知道你的苦衷，此去西域离家万里，一去可能就再也不能回来，可你是汉室宗亲，身为大汉子孙，就要为国分忧，国家大事和个人得失，孰重孰轻，你还分辨不出来吗？"

解忧终于想通了。冯嫽说："你去吧，我陪着你，到死也不分开！"

解忧感动地抓住冯嫽的手，一个"谢"字到嘴边，没有说出来，眼里却含满了泪水。

解忧没有辜负汉武帝的期望，她在冯嫽的协同下，一方面抓紧对乌孙贵族进行笼络，把从汉朝带来的各种值钱的东西赏给他们；一方面深入到各部落牧民中去，向他们传播汉朝文化和先进的生产技术。

冯嫽一直跟着解忧，给她当参谋、出主意。

冯嫽口才伶俐，能言善辩，反应机敏。没多久，就熟悉了当地的风土人情，还学会了胡语。和当地人交谈，不用翻译，就对答如流。

解忧和亲和细君不同，汉武帝给了她一个旌节。一根八尺的竹竿，一端绑着三重牦牛尾毛。这根小小的竹竿虽不起眼，却是皇上全权代表的象征。汉武帝给了解忧这个旌节，就给了她一个钦差的身份，她可以拿着这个旌节出访西域各国。

解忧不能离开军须靡,她得时刻协助这个乌孙王处理国内的事情,这个出访西域三十六国和到各部落去的差事就交给了冯嫽。她知道冯嫽会做得比她更好。

　　冯嫽每次出去,库尔查都要陪着她。

　　库尔查喜欢这个美貌多才的汉家姑娘,冯嫽也对这个勇猛英俊的乌孙男儿很有好感。当解忧和冯嫽知道了羊角匕首的含义,不用说,水到渠成,在军须靡的主持下,冯嫽和库尔查结成了一对新人。

　　冯嫽和库尔查有个约定:她不能离开解忧。库尔查一口应允。

　　从此,辽阔的斯克特草原,连绵的天山南北,经常出现一对纵马并辔的年轻身影,像雄鹰一样展翅飞翔。

　　这正是:

　　　　莫道出身卑与贱,侍女出手也不凡。
　　　　持节出访理国事,巾帼不让须眉男。

第六回　解忧失误丢好局　冯嫽出手挽狂澜

解忧做错了一件事，差点导致乌孙和汉朝的友好关系解体。

解忧嫁给狂王后，一是由于性格不合，二是年龄相差很大，所以，俩人的关系一直很紧张。尽管解忧为他生了一个儿子，情况还是不见好转。再加上狂王倒行逆施，不得人心，解忧就想除掉他。正巧，当时汉使卫司马魏和意、副使任昌在赤谷，他们就在一起商量，利用汉使在住地宴请狂王，狂王一到，汉使的卫士扑上去用剑刺杀，结果计划失败，狂王躲过刺杀，仅受轻伤。狂王逃走，狂王的儿子带兵把城围住，要攻打进来，杀了解忧和汉人。汉宣帝派人和平地解决了这件事之后，想不到，狂王又被乌就屠杀死，乌就屠在北山集结兵马，自立为王，形势又变得凶险起来。

这时，冯嫽不在解忧身边。她要在家，解忧就不至于做出这个鲁莽的决定，不至于闹出这么大的乱子。

冯嫽已经年近半百，丈夫库尔查去世了。她把一颗心都拴在西域三十六国和汉朝的友好交往上。她不辞辛苦，翻雪山，过大漠，冬来暑往，足迹踏遍了天山南北、阗池沿岸、伊犁河草原。她遵朝廷之命，以使节身份代表公主访问各国，赠送王族贵重的礼物，传播汉朝文化。每到一处，都受到上上下下的热情欢迎。各国君臣见汉朝以女子为使，大方谦恭,能言善辩,与胡人交谈,连翻译都不用,惊讶之余,更加赞叹,都尊称她为冯夫人。

冯嫽为各国排解内忧外患,讲授礼仪道德,平易近人,扬善抑恶,明辨事理,使汉朝的恩泽如甘露喜雨遍洒西域绿洲,增进了西域诸国对汉朝的了解。在她的推动下,汉朝很顺利地在赤谷城建立了都护府。

汉宣帝听说乌就屠篡夺了乌孙的王位,立即让破羌将军辛武贤领兵一万五千人进入敦煌,准备攻打乌就屠。都护府都尉郑吉考虑到汉兵远道而来,兵力不足,且又以劳待逸,很难取胜,就劝辛武贤暂时不要进攻,提议让冯嫽去说服乌就屠,因为他知道冯嫽的丈夫库尔查和乌就屠的关系很好,三个人时常一起骑马狩猎。辛武贤虽然觉得这个办法没把握,但对自己用兵力取胜也没把握,不得不同意让冯嫽去试试。

郑吉派人找来了冯嫽。她一听,立刻表示愿意前去北山,说服乌就屠。郑吉说:"这次前去,可能会有生命危险,你要是没把握就不要去了!"

冯嫽说:"为了乌汉联盟友好的大事,避免兵戎相见,让草原不再流血,我个人的安危又算得了什么?豁出去我这条老命也值得!"

冯嫽为了避免乌就屠起疑心,一个人空手去了乌就屠的老巢北山。

乌就屠对冯嫽并不友好,他带着嘲讽的口吻说:"是什么风把你吹到我这小山上来了?"

冯嫽开门见山地说:"是东风,是从汉朝那边刮过来的风,让我救你来了!"

乌就屠用刀敲打着桌子说:"你就不怕我把你抓起来?"

冯嫽轻蔑地一笑说:"我这年近半百的老婆子,还在乎这条老命吗？我在西域活到这个岁数，死到你手里，你就是斯克特草原最有名的英雄了！"

乌就屠讪讪地说："就凭我和库尔查这么多年的交情，我也不会伤你一根毫毛。再说，我和一个手无寸铁的女人动刀枪，草原上的人都会说我是狗熊。"

冯嫽说："你要这样说，还是个男子汉，我就和你说几句心里话。"

乌就屠说："我知道你要说啥，告诉你吧，我也是先王的子孙，他们能当王，我为什么不能？"

冯嫽严肃地说："你杀了狂王，夺了王位，似是可喜，达到了目的。可是喜中不可无忧。汉朝承认元贵靡，如今汉朝大军已至敦煌，将军区区兵力与之相搏，岂不是以羊群搏猛虎？"

乌就屠不禁一愣，迟疑地说："我当王，并没有说要同汉朝为敌。"

冯嫽说："你为了争夺王位，不惜同室操戈，这样做，只能对敌人有利。我劝你早日放下武器，免得汉朝大军一到，自取灭亡。"

乌就屠被说中要害，心虚地说："冯夫人，我知道你是为我好，依你说，我该怎么办？"

冯嫽乘势说道："看在你和右大将交好的情分上，我说的都是掏心窝子的话。你要听我劝，就把王位还给元贵靡。"

乌就屠讨价还价说："不让我做大昆莫也可以，但是能不能给我个小王的封号？"

冯嫽见事情有了转机，故作轻松地说："你这样做还是很明智的，你的要求也不算过分，我会上奏朝廷，给你一个让你满意的答复。"

冯嫽回到都护府，和郑吉、辛武贤说明了事情经过。俩人都没想到会这么顺利，连忙上报朝廷。汉宣帝接到奏章，感到事情很重要，急令冯嫽回朝，亲自做个详细的汇报。

冯嫽在西域的所作所为，早已传遍中原。出使三十年，第一次归来，长安人争相迎接，想一睹她的风采。

冯嫽上朝，面见皇帝，侃侃而谈，详细透彻地陈述了自己的见解和处理意见。汉宣帝很高兴，也很赏识和看重冯嫽，认为她的才干非一般人可比，她的话正对自己的心思，当场就任命她为正式使节，乘锦车，持汉节，率副使竺次、甘延寿立即赶回乌孙，全权处理这场危机。

在这之前，汉宣帝已派长罗侯常惠率三队人马进驻乌孙国都赤谷屯兵。冯嫽回到赤谷，马上和副使召集常惠、郑吉、辛武贤一起商定解决乌孙纠纷的办法。冯嫽把乌就屠招到都护府，当面向他宣读皇帝的诏书，立元贵靡为乌孙的大昆莫，乌就屠为小昆莫。乌孙的人口有十万帐，把乌孙一分为二，四六分账，乌孙六分的人口和土地归大昆莫管，四分归小昆莫管。

一场内乱就这样平息了。冯嫽把处理结果上报朝廷，汉宣帝很满意，一面命辛武贤不再出关，一面派使臣带着诏书，向大、小昆莫颁发金印绶带，宣布封号。

解忧七十岁那年请求归乡，宣帝准请，冯嫽遵从到死陪伴的诺言，随解忧一起回到长安。

两年之后，解忧去世。她的大儿子元贵靡和小儿子鸱靡先后病死，乌孙国由元贵靡的儿子星靡代行大昆莫事。由于星靡天性懦弱，缺乏主见，国内局势极不稳定，冯嫽再次上书朝廷，请求出使西域。汉宣帝准请。

一个七十多岁、老态龙钟的老婆子，第三次踏上西去之路，在朝野是个轰动一时的新闻，全城的男女老少都出来送行。汉宣帝也率百官出城相送。

灞桥作别,冯嫽不禁一阵心痛,流下两行清泪。她知道,此去可能再也回不来了。

冯嫽回到乌孙,举国欢腾,很多人骑马跑出百里相迎。

冯嫽到了乌孙以后,不顾年老体衰,白天协助星靡和大臣一起处理国事,夜晚陪星靡学习经史,给他讲授做仁君的道理。

很长一段时间,乌孙国内君臣和睦,百姓安居。

冯嫽最终没再回国,去世后被葬在天山脚下。

这正是:

五十春秋洒血汗,三十六国美名传。
一抔忠骨埋异域,千年还颂侠女篇。

生死之恋

第一回　高祖和亲嫁公主　苏武持节访匈奴

　　这个故事还得从汉高祖说起。刘邦自打起兵，经过多年的楚汉相争，逼得项羽乌江自刎，到汜水立尊，开创了大汉28朝400多年的帝业。这期间，可谓是没有打不败的敌手，没有攻不下的城池。但是，北方的匈奴却让他伤透了脑筋。早在秦始皇统一六国，建立了中国历史上第一个封建集权国家之时，就为防范匈奴的入侵，不惜耗时费力修建了万里长城。怎奈秦朝只传到二世就被推翻了。随后的日子，趁着刘邦和项羽打得你死我活，无暇他顾，匈奴的势力得到了增强和扩张，除了中原，东从渤海、北从河套、西到雁门，都被匈奴霸占。待到中原平定之后，唯有北方不断受到匈奴侵扰，民不安生。刘邦就决意清除此患，亲率40万大军北上。连续几次交锋，匈奴都是落败而逃。沿途所见匈奴人畜皆老弱病残、瘦疲无力。刘邦就想乘胜追击，一举成功。有一个大臣叫娄敬，劝阻刘邦说："圣上不可轻易追击。我看其中有鬼。如果匈奴兵都老弱不堪，怎么敢屡屡侵犯中原？他们一定是把精兵藏起来，摆出不堪一击的样子，引诱我们深入他们的腹地，那样的话，后果会不堪设想。"刘邦连连得胜，正在兴头上，听见有人阻拦，立刻来火，下令把娄敬抓了起来，打算打了胜仗回来再处置他。

刘邦自领骑兵先行，步兵随后，长驱直进。刚到平城，突然，遍地响起胡哨，匈奴兵似蚂蚁出窝，蜂拥而来。刘邦的那一点骑兵根本抵挡不住，纷纷败退。刘邦见匈奴兵强马壮，人多势众，自知轻敌受骗，急忙率兵打开一条出路，退至白登山上，垒石筑堡，据守山口要道，等待援兵到来。刘邦想得挺好，后续步兵30多万，顶多一天工夫就能赶到，眼前这几万匈奴兵马还不是小菜一碟。哪料到，冒顿单于早已调集了40万匈奴精兵，分头埋伏在各个路口，等着截杀汉兵。时值深冬，汉兵不耐严寒，衣着又单薄，三人之中就有一人冻坏手脚。再加上是步兵和骑兵对阵，根本不是对手，别说前去增援，自身能够保住性命就是万幸。

刘邦在白登山上孤守了几日，眼见外无援兵、内无粮草，下山突围了几次都没成功，心中很是烦恼。这时想起娄敬的话，后悔也无济于事了。随军的谋士陈平看见山下有一男一女骑着马来回奔跑着指挥匈奴兵，觉得很奇怪，派人抓回来一个俘虏一问，知道是冒顿单于和阏氏两口子。单于就是匈奴的国王，阏氏就是王后。陈平想出一计，派人潜入匈奴营地，买通阏氏的护卫，趁着冒顿睡觉的机会，进到内帐，见了阏氏，献上金银珠宝，说是汉帝所赠。又拿出一幅画图，请阏氏转给单于。这阏氏本是一个牧民之女，凭着长得好看，被冒顿相中，立为王后，她在胡地所见，皆是五牲六畜，哪见过这么多金银珠宝，立刻眉开眼笑地尽数收下。待她打开画图一看，是一中原美女，千娇百媚、国色天香，不由得心生妒意，面带不快，含嗔问道："你们不多拿点金银珠宝，拿来一幅美女图能有何用？"汉使说："今日汉帝被单于围困在此，眼见两国交兵，劳民伤财，所以愿意休兵和好，献给阏氏这些金银珠宝，而把中原第一美人献给单于。但是，这个美人现在不在军中，故先送上画图，美人随后就到。请阏氏代为转告单于。"

阏氏心想：单于有了这样的美人，必定移情别恋，还会专宠于我吗？幸亏这工夫单于在睡觉，要是让他看着图还真麻烦了。于是，她对汉使说："有这些金银珠宝就够了，不必再要美人，你把这图拿回去吧！"

汉使说："其实，汉帝也舍不得这个美人，也怕夺阏氏之爱，这样做只是为了表示诚心而已，阏氏如能在单于面前美言，说动单于撤兵，汉帝还会多送给阏氏金银。"阏氏大包大揽地说："你回去告诉汉帝，尽管放心，这事交给我好了。"当下，送走了汉使，阏氏立刻进帐叫醒单于，对他说："我刚得到消息，汉廷已经发来大兵，前来救主，明日就会到达。"单于不信："汉帝的援兵已被我挡住，用不了几天，我就能把他灭掉。"阏氏故作惊恐之状，说："汉帝被你围困在此，汉人必定要发倾国之兵前来相救。你没看汉帝已被围了六日，军中并不慌乱吗？一定是有所准备。"单于说："依你之见，那该怎么办？"阏氏说："我看不如趁此卖个人情，撤开一条路，放汉兵回去，汉帝一定会和咱们休兵和好。"单于被她说动，当天就把围困白登山的兵马撤回，放走了汉帝。

  刘邦捡了一条命逃回关中，他领教了匈奴的厉害，不敢再轻易出兵，就采用了娄敬提出的和亲政策，把公主嫁给单于，每年都派使者带着金银珠宝、丝绸织物去安抚单于。这一招还真管用，从那以后，匈奴很长时间都没再侵扰中原。

  说话这工夫就过去了几十年，到了汉武帝的时候，匈奴又在北方变本加厉地穷兵黩武，烧杀抢掠，屡犯边关。汉武帝大怒，派大将军卫青和霍去病多次发兵漠北，重创匈奴，使之多年不敢再进犯中原。匈奴表面上做出要跟汉朝和好的样子，不断派出使者来访。汉朝为了表示友好，也派使者回访。可是，匈奴人不讲信用，常常扣留汉朝的使者。汉朝当然也是以其人之道还治其人之身，不让匈奴的使者回去，一来二去，双方都扣留了不少使者。

这一年，匈奴且鞮侯当上单于，他为了稳住自己的地位，就派使者到长安来求和，把以前扣留的汉朝使者都放了回来。汉武帝为了表示诚意，就派中郎将苏武带着副使张胜和一百士兵，以及大量的金银绸缎等礼物，还有以前扣留的匈奴使者，郑重其事地回访匈奴。

汉武帝赐给苏武一支节杖，这节杖如锄杠般粗细，长如人高，非常结实，上半部用牦牛毛缠绕。持有这支节杖，就有代表皇上的钦差身份。以这样高的规格出使匈奴，在汉朝的历史上还是第一次。

汉武帝怎么会派苏武这个差事呢？

原来，苏武的老家在杜陵的一个小村，世代以务农为生，因为依山傍水，免不了也要打鱼摸虾、狩狐猎兔。苏武虽然从小就入塾读书，农牧渔猎之事也常常当作乐趣参与其中。后来，到朝中当了一名小官。

汉武帝爱好出猎，常到上林苑去围捕行乐。有一次，汉武帝在树林里看到一对野鸟，长得又漂亮，叫得又好听，汉武帝很喜欢，可是又没法捉到手。那时，打猎都用弓箭，猎杀獐狍野鹿都能一箭毙命，要是用来打小鸟，不用说不好打，就是打中，也根本抓不到活的。苏武看在眼里记在心里，就用丝线织了一张大网，等到汉武帝再去行猎时，他便拿出这张网，架在树林间，撒下诱饵，很快就捕到了那对野鸟。汉武帝非常高兴，当下就让苏武做了专管皇帝出游巡猎的中郎将，苏武的一个哥哥和一个弟弟也跟着沾光进朝当了官。

这次，汉武帝在派人出使匈奴之前，曾和大臣商议。他说："我大汉自高祖立业，一直和匈奴示好，下嫁公主，遣使出访，送去大量金银珠宝、绫罗绸缎，待他们不薄，怎么他们却总是反复无常，不断到我中原烧杀抢掠呢？"

有大臣说："匈奴人愚蛮不化，茹毛饮血，不织不耕，竭泽而渔，吃的粮食和穿的衣服自然要到中原来抢掠。"

汉武帝说："各位爱卿，有什么良策才能从根本上解决这个问题呢？"

大臣说："若要治本，就要匈奴人学会耕种纺织，懂得伦理纲常。"

汉武帝扶额而悟，这才想到苏武，他对苏武说："朕这次派你持节出使匈奴，不仅是为表达我大汉示好诚意，还要你传授给他们一些技能，让他们学会自耕自织、自给自足，这样就会减少他们对我大汉的侵扰，你明白朕的心意吗？"

苏武叩首谢恩："臣一定不辜负圣上的重托！"

这一年，苏武刚好40岁，上有老母，下有两个未成年的儿女。他知道此次出使不同往常，莫名地生出生离死别之感，不免惆怅满怀，临行前夜，给妻子留下了一首诗：

> 结发为夫妻，恩爱两不疑。
> 欢娱在今夕，嬿婉及良时。
> 征夫怀远路，起视夜何其。
> 参辰皆已没，去去从此辞。
> 行役在战场，相见未有期。
> 握手一长叹，泪为生别滋。
> 努力爱春华，莫忘欢乐时。

生当复来归,死当长相思。

这正是:

最是一绝匈奴人,马蹄踏处生风云。
行无定所性无律,翻遍书史无下文。

第二回　虞常忠心杀卫律　单于恶意囚汉使

正是深秋，天空万里无云，高旷而深远，飒飒的西北风不时卷起枯草落叶，漫天飞舞，让人无端地感受到一种荒凉和萧瑟。

天空中，一行排着整齐的人字队形的大雁发出豁亮的长鸣振翅向南悠悠飞去；大地上，一行车载重负马配銮铃的百余人的队伍向北逶迤行进。大雁南飞是为了躲避寒冷而到一个温暖的地方，这队人马北去却是要离开家乡远行到一个荒凉而陌生的地方，生死未卜，祸福未知。

苏武领着这支人马已经在路上走了半月有余，才踏过边关，跨进荒漠，看见了散落在草原上的畜群和帐篷。

苏武在一座大帐篷里见到了且鞮侯单于。匈奴是个游牧民族，居无定所，赶着畜群，走到哪里支上帐篷，哪里就是家。匈奴的首领也不例外，住的帐篷顶多比平民大一些、华丽一些。

苏武向单于转达了汉武帝的问候，献上财物，交回扣留的匈奴使者，满以为单于会高兴，向他说些感谢汉朝皇帝的话，哪知，单于傲慢地收下东西，就叫人把苏武一行领到帐篷里去休息。一连几天都不闻不问，就好像没有这伙人似的，苏武有心要单于安排人来听他讲些耕织的技能和孔孟的伦理道德。可是，单于天天领着人出去游玩狩猎，根本抓不着影儿。

这个单于虽说年纪不大，却很狂妄，又自以为很聪明。他看到汉使带来这么多金银珠宝，还来了这么多人，以为汉朝怕他，想要讨好他笼络他，便有意冷落汉朝的来使。苏武虽然生气，但也无可奈何，打算等单于回来，向他告个别，就启程回国。

苏武从牧民手里给老母亲买了一件羔羊皮袄，老母亲受不了风寒，天一凉腰就疼；他给妻子买了一筒獾油膏，妻子上要照顾老人，下要抚养孩子，家务之事总要亲自操劳，皮肤已无光泽；给孩子带点什么礼物呢？离开孩子好多天了，总不能空手而归，让孩子白盼望一场。可是，草原上实在没有什么新奇好玩的东西。苏武最后选择了匈奴孩子玩的花翎弓。匈奴人最善骑猎，弓箭是人人必备人人善用的东西，小孩子也不例外。花翎弓是用鹿筋做弦，每支箭尾都绑着一根雕翎，射出去带有风哨的响声。给孩子带回去这个，孩子一定喜欢。而且，让孩子从小就练会射箭，说不定将来还能有用。

谁知，就在这时，发生了一件很意外的事情。在苏武来到匈奴之前，汉朝曾有个叫卫律的使者，他被匈奴扣留以后，匈奴极想找个汉人帮他做事，提供汉朝的情况，就对卫律说："你要归顺我，我就封你为王，给你上万用人、大片草原和无数的牛羊，我还把身边的美女赏赐与你。你如不从，我就把你圈起来，让你永远回不去中原。你想想吧，是在这里享福呢还是要受苦遭罪？"这个卫律没经受住恐吓和诱惑，就投降了匈奴。当初，跟卫律一起来的有70多人，这些人都想着回家，不愿意留在匈奴。卫律的副手虞常很有气节，他不想投降，但也没有办法逃回去。他一直想杀了卫律，可是人单势孤，总也没有机会下手。在苏武出使到这儿期间，匈奴有个贵族緱王也想当单于，虞常就和他联络好了，准备杀了卫律，劫持单于的母亲返回汉朝。虞常在汉朝时和张胜在一起共过事，俩人很要好。虞常就把这事跟张胜说了。虞常说："我知道皇上恨透了卫律，我想杀了他，以此证明我对皇上的忠心。"张胜说："我知道你的心思，也很想帮你，可是……"虞常摆摆手，说："我不要你参与，只要你捎回个信就行。我的老母和孩子都在中原，不管我能不能成功，能不能回去，希望皇上能照顾我的家庭，我就死而无憾了！"张胜说："这事应该禀报中郎将，让他拿个主意为好。"虞常说："此事不知能否成功，还是先不让他知道，免得发生什么不测，他受到牵连。"

就在他们要行动的头一天，原本表示要和张胜一起行动的那70人中有一人不知出于什么原因向卫律密报了这件事。卫律做了准备，缑王和虞常刚要行动，就被卫律抓起来了。单于听到这个消息，立马回来杀了缑王，命卫律审问虞常。张胜听到虞常被抓，怕被牵连，就把他和虞常说的话告诉了苏武。苏武一听当时就变了脸色，对张胜说："这么大的事情，你怎么不事前跟我商量呢？要是虞常供出了你，我也脱不了干系，到时候就得被拉去审问，我作为大汉的使者被当作犯人一样，那不是给皇上丢脸吗？我还有何颜面活在世上？"苏武说着，拔刀就要自刎。亏得身旁有人手疾眼快，一把抱住了他，把刀夺下。苏武叹了口气，无奈地说："事到如今，虞常不把咱们咬上就算万幸了！"

卫律恨透了虞常，用尽了严刑拷打他，让他交出同谋。虞常是个汉子，知道自己必死，尽管有密报者做证，他也没把张胜拉上，只承认他们过去是朋友，在这儿说过一些家常话而已。卫律把审讯的结果汇报给单于，单于觉得杀了汉使的证据还不足，就命卫律去叫苏武他们投降。苏武一听，就对跟他一起来的人说："做人要有气节、骨气，做事要上对得起朝廷，下对得起父老，我们受命出使，要是做出背信弃义之事,岂不是生不如死?"说着,冷不丁拔出刀来,抹了自己的脖子。

苏武昏死过去。卫律命人叫来医生。

也许是苏武命中注定要去遭受那么多罪,也许是匈奴的医术太过高明奇特。医生查看了苏武的伤情,叫人在地上挖了个半人深的坑,在坑底铺上白羊粪,慢慢地燃着,在上面铺上木板,让木板温热,然后把苏武脸朝下放在木板上,医生用脚像按摩似的踩他的脊背,使伤口流出污血。过了一会儿,苏武居然醒了过来。医生在苏武的伤口上敷上一种膏药,用麻布扎住,将他抬进帐篷里休养。

张胜被卫律关了起来。

单于的性格很难捉摸,他居然对苏武产生了一种既敬佩又好奇的心理。在苏武养伤期间,他天天派人去问候,等到苏武伤好了,他又叫卫律务必想办法让苏武投降。卫律在处死虞常的时候,让苏武等人都来现场。他亲手用刀砍掉了虞常的脑袋,又把刀指向张胜,威胁他说:"你是使臣,跟虞常谋害单于的大臣,也该杀,单于有令,如你归顺,可免一死。如敢不从,我这就杀了你!"

烈火见真金,生死见真心。张胜贪生怕死,刀压脖子当了孬种。

卫律很得意,又把刀指向苏武,说:"你的副手自知死罪难逃,已经归顺于我,你也难辞其咎,是死是降,你说个痛快话!"苏武蔑视地扫了他一眼,把脖子挺过去。

卫律收回刀,有些气急败坏地说:"苏子卿,你听我说,你看我降了匈奴,单于封我为王,让我有了别人羡慕的富贵。你如降了单于,明天就会和我一样。你这样固执,白白丢了性命,尸骨扔在这里,谁会记得你呢?"

苏武闭目不语。卫律凑近他的身边,讨好地说:"子卿,古人云:

识时务者为俊杰，你若听我劝告，我与你结为兄弟，同享富贵。若是你执迷不悟，怕是以后我们再无相见之日了！"

苏武突然拍案而起，怒喝道："你个忘恩负义的小人，还配与我称兄道弟？我告诉你，南越杀了汉使而被灭，大宛王杀了汉使，自己的脑袋也被送到长安。你叫单于杀我，匈奴的大祸就要临头，你还会有好下场吗？"

卫律被斥责得哑口无言，脸色很难看，无奈地告诉单于。单于叉着腰，在地上转了几个圈子，用脚跺着地说："我就不信，他不是不怕死吗？我让他活也活不起！"

单于下令，把苏武押进地窖，不给吃喝。苏武到这时反倒不想死了。时值严冬，地窖里落了很多雪，渴了他就抓一把填进嘴里。饿得实在不行了，他就把给母亲买的羔羊皮袄扯碎了充饥。

单于很迷信，过了几天，他见苏武还活着，觉得是神在助他，就把他放出来，对他说："你是个神人，我不让你死了，你归顺我吧，我封你为王。"苏武坚定地说："你不让我死，就让我回去吧！"单于拉着长声说："你想回去？可以呀！我让你到北海，给你一群公羊，等到啥时公羊下了羔，我就啥时让你回去！"

苏武大声说："好，我会等到那一天！"

这正是：

公羊产子是奇闻，海枯石烂喻真心。

纵使行程断归路，一路留痕示后人。

第三回　苏武射兔生悔意　鸿雁追鹿遇险情

北海的春天尽管来得很迟，但总是来了。阳光暖暖地照着，和风习习地吹着，像海一样辽阔的大草原满眼都是绿油油的草芽。

这已经是五月份了，在中原，桃花杏花都该开败了，麦子都该穗黄粒饱，快要收割了。

从大漠到北海，路程有多远，谁也说不清。苏武一行人骑着马走了半个月。

这是一个生机勃勃却荒无人烟的地方，走在路上的那些天，偶尔能看到几顶帐篷和散落的畜群。匈奴的鞭长至此并不奇怪，这里不会有刀光剑影，也不会有抢夺烧杀，因为这里没人居住。

押送苏武来这儿的匈奴士兵留下一顶矮小破旧的帐篷，又从离这儿最近的匈奴贵族於靬王那里赶来40只公羊，对苏武说："这40只羊一定要放好，只能多不能少，少一只就要你的脑袋！"

匈奴士兵把马都带走了，空旷的草原上只剩下苏武一个人和那40只公羊。

苏武知道，在这里没有马哪儿也去不了，一个人走在大草原里，饿不死也得被野兽吃了。

既然来到这里，总要活下去，活下去是唯一的希望所在。

苏武首先要搭好帐篷，尽管简陋，但总可以挡住寒冷、遮住风雨。他草草地把帐篷支起来，就赶忙去扎羊圈。这里的野兽太多，虎熊狍鹿倒不可怕，它们出没在森林里。可怕的是那些土狗狐狼，一路上常常看见它们成群奔跑的身影，不用说，它们凭着敏锐的嗅觉，早已把这群羔羊视为美味的盘中餐。

苏武随身只带了一把刀，他用这把刀砍些荆棘堆成一个如人高的圆圈，在圈外一丈远的地方，又把草和树茅都割净，清出一圈空地，找些干草和枯枝烧成灰。这是吓唬狐狼的好办法，苏武在皇帝身边陪着行猎这些年，想不到积攒的经验在这儿都派上了用场。不过，到夜晚，他还得拢起几堆篝火，彻夜不熄。那饿红了眼睛的狐狼就在附近转悠，一只只眼睛冒着瘆人的寒光，在清冷的月光下，像飘游的鬼火一样阴森恐怖，而那一声声长长的哀嚎让人毛骨悚然、心惊胆战，想睡也不敢睡。

苏武面对着一个最现实的问题，那就是解决自己的食物。押送他来的那些匈奴士兵临走时扔下的干馍和变质的牛肉，没几天就都被他填进了肚子。没有一粒米，羊又不能杀了吃，怎么办呢？他只好到草甸子里去挖野菜。

草原上春夏可以充饥的野菜并不少，大蓟、藤蒿、黄花，随处可见；入秋，还可以到不远的森林里去采野果子、蘑菇，填饱肚子还不是难事。最担心的是到了冬天，天寒地冻，冰天雪地，到哪里去寻找可食的东西呢？苏武知道，要想活下去，必须要做长远的打算，要储存过冬的食物。

苏武在草甸子里寻找食物的时候，意外发现了很多野鼠，这可是难得的美食。他掘洞捕捉，收获确是想不到的丰富。他除了烧烤一些，余下的都被他扒皮晾干，储藏起来。

苏武知道，光靠储藏点干野菜和小野鼠，根本过不了冬。他得另找食物的来源。在这个大草原上，能够猎捕到一些大型动物是最好的办法，可是，他随身只带了一把刀，拿着刀去打猎是个笑话，那些獐狍野鹿跑得非常快，听到动静就没影儿了。苏武想起自己还带着那把给孩子准备的花翎弓，虽然没有士兵用的弓箭那么有劲儿，但是也有杀伤力，射个野兔野鸭还是可以的。苏武找些坚硬的树枝用刀削成箭，赶在日出前藏在靠近水边的草丛里。不管是野兽还是野禽都喜欢在天亮时觅食。

这一天，苏武在一片矮树丛中发现了一个野兔洞穴，他静静地守在一旁，张弓以待。一只肥胖的大兔子终于缓缓地走出了洞口，停在那儿梳理起两耳的灰色茸毛。苏武虽然不善于用兵器，但那只兔子不动不跑，让他可以从容地瞄准。箭射出去了，那只野兔果然被射中，翻了个个儿，想要进洞，却被箭拖着挡在洞口。苏武急忙跑过去抓住了它。野兔被射中了后腿，苏武把它抱在怀里，发现竟是一只怀孕的母兔，肚子鼓鼓的，显然快要下崽了。野兔充血的眼睛惊恐地瞅着苏武，好像知道了自己的命运似的一动也不动，等待被人宰割。苏武的心突然像被刀扎了一下，说不出的疼痛。在这茫茫的草原上，他觉得他和这只野兔同是艰难求活的脆弱生命，更何况那只野兔还担负着孕育后代的使命，杀了它，就会扼杀几条无辜的生命。

苏武带着懊悔的心情，把那只野兔腿上的箭拔去，从衣袖上撕下一条白布，把野兔的伤口扎住，把它放了。那只野兔迟缓地钻进了洞穴，临进洞时还回头瞅了苏武一眼，这一瞬间，苏武的眼睛竟莫名地潮湿了，好像有泪要流出。

苏武连续好多天都躲在野兔洞口的不远处，他很担心那只野兔的伤情，更担心野兔能否平安产下小崽。

终于有一天，苏武看到野兔的洞口露出了好几个毛茸茸的小脑袋，它们试探地向外张望着，小心翼翼地爬出来，随后，那只大野兔钻了出来，抬起两只前爪站起来，警惕地四处看了一会儿，领着几个孩子钻进了草丛。

苏武不由得吁了一口气，一颗提了多日的心一下子落了地。

苏武还得想办法准备过冬的食物。羊群在草原上自由地吃草，不用他照看也不会乱跑，也许它们天生就知道生活在这里的危险，所以始终跟头羊聚在一起。苏武抽空去北海边看了一次。这里的景致实在太美了！北海其实是个月牙形的大湖，湖水像天空一样蔚蓝而平静，湖泊的四周是起伏的群山，茂密无边的森林像层层荡漾的碧波。时而有野鹿獐狍从林子里走出来到湖边去饮水；湖面游弋的野鸭、野雁和其他水鸟一会儿叽叽嘎嘎地叫着飞起来，一会儿又悠悠地飞回来，落在水里。

苏武没有心思欣赏这里美丽的风景。他在离湖不远的地方看见一些水泡子，平静的水里可以清楚地看到有很多鱼在游动。尽管这些水泡子都不算大，但他没有办法竭泽而渔。

苏武这时很庆幸自己在皇帝身边陪猎多年，掌握了这方面的很多技术和经验。他从壮羊的脊背上拔下长毛，捻成线，再用线织成网。这是没有办法的办法，这个过程也很漫长，他不着急，有的是时间。有这个事做，在他寂寞难熬的日子里，何尝不是一种乐趣呢。

灿烂的阳光下，辽阔的大草原上，一群白羊在悠闲地吃草，一个穿着整齐的壮年男子坐在高坡处，怀抱着节杖，专心致志地捻着羊毛线，编织着渔网,这是一幅多么悠闲、多么令人神往的画面!可惜,此刻,苏武丝毫没有这种闲情逸致,他只想着自己要活下去。

这天上午,苏武无意间看到不远处有一匹马跑过,马上坐着一个白衣女子,马的前面一只野鹿没命地奔跑着。苏武以为自己眼睛花了,在这蛮荒的地方怎么会有一个女人骑马狩猎呢?他揉揉眼睛想要仔细看看,转眼间却什么也看不见了。

苏武心里始终放不下那个骑马追鹿的女子,一会儿怀疑自己是看到了仙女,一会儿又担心那个女子独自在这虎狼出没的地方是否安全。眼看太阳快要坠山,他不由得着急起来。那个女子跑去的方向有一片沼泽,表面上生长着茂盛的塔头草,下面却是漂筏,踩上去就会立即陷下去。苏武把羊群赶进围栏,拿着那支节杖急忙奔那个方向找去。

苏武隐约听到了一个女人的呼救声,他快步跑过去,眼前的景象让他大吃一惊。那个白衣女子真的陷在漂筏里,马已经陷得只露着脊背和头,她虽然骑在马上,两腿却已陷进泥潭里,就在前面几丈远的地方,那只野鹿因为身子轻,四肢都陷进了泥里,肚子正担在塔头上动弹不得。

苏武不敢贸然过去,他匍匐下身子,小心地抓着塔头爬过去,让那个女子抓住节杖,把她拉了过来。

苏武领着那个女子回到帐篷,让她洗净了脸,才看出是个十四五岁的姑娘。

姑娘的白衣变成了沾满黑泥点的花衣服。苏武这儿没有女人可换洗的衣服,只好让姑娘裹上自己的皮袄,把姑娘脱下的脏衣洗了,点起一堆火一边烤衣,一边给姑娘烤点吃的。

这个匈奴姑娘一点也不拘束。让苏武很意外的是姑娘还会说点汉话。草原里的匈奴牧民很少能够接触到汉人，他猜想这个姑娘绝不是一般牧民家庭里的人。俩人一边烤火一边交谈，苏武知道了姑娘叫鸿雁，家离这儿有几十里。

没有马，一个姑娘是没有办法在夜里独自走上几十里的，就是能走，苏武也不能让她走，那样太危险了。

苏武让姑娘住在帐篷里，他点着火堆守在外面。半夜里，姑娘醒了，出来让苏武也进帐篷里去睡。苏武说："你进去睡吧，我得看着火，看着羊！"

苏武在皇帝身边，常接触到匈奴人，听说过一些匈奴人的风俗习惯。匈奴王死了，他的儿子继承了王位，还要把死了的匈奴王的妻子都继承过来；匈奴的普通家庭多是兄弟共有一个媳妇；到匈奴人家里去做客，如果不经意坐在了哪个姑娘的身边，就得娶她为妻。苏武当然不知道这些传闻是真是假，但他绝不敢和一个匈奴姑娘睡在一个帐篷里，尽管这里只有他和姑娘两个人。

鸿雁早上就走了，苏武送她走了一段路，鸿雁就不让他送了。

苏武没想到，第二天鸿雁又来了，带了两匹马，还有一根长绳子。鸿雁让苏武和她一起去到漂筏甸里，用绳子把已经死了的马和鹿拴住，然后让两匹马给拖出来，拖到苏武的住处，让苏武把马肉和鹿肉晾干，留着过冬。又给苏武留下一匹马，自己骑着另一匹马，飞快地跑走了。

苏武目送着姑娘消失在远处的草原里，很久很久都没动。

这正是：

道是有缘才相聚，铁鞋踏破难寻觅。
千古佳话唱不尽，缺情少义一场戏。

第四回　箫声远诉思乡意　雁鸣长歌养育情

鸿雁三天两头跑到苏武这儿来，给他带来一些食物、生活用品，还拿来一个羊皮袋，里面装满了马奶酒。

苏武在孤寂的生活中突然有这么一个年轻、美丽而又勇敢爽朗的姑娘陪伴，心中的忧虑和苦闷不由得减轻了许多。

大半时间，俩人都是骑着马，跟着羊群自由地在草原里游荡。苏武教鸿雁说汉话，鸿雁教苏武说匈奴语。鸿雁让苏武就叫她雁，而她就管苏武叫羊倌儿。

苏武不放心地问她："你一个人跑出来，家里人能放心吗？"

鸿雁咯咯地笑着说："我自小就在草原里到处跑，就为这个，人们才都叫我鸿雁。"

苏武说："你家里都有什么人？"

鸿雁说："就我和哥哥！"

苏武又问："你总往我这儿来，又总带东西来，你哥哥知道吗？"

鸿雁有些得意地说："在家里我说了算，我哥哥听我的！"

苏武笑了，说："你哥哥是做什么的？"

鸿雁跳下马，一边采着野花一边歪着头调皮地说："我不告诉你！"

中午，羊群吃饱了，都卧下来静静地倒嚼、休息。苏武挑了一根新长出来的柳树枝,用手轻轻地揉动嫩皮,然后把里面的木质抽出去,做成一支柳笛,吹得像雁雀鸣叫一样好听。鸿雁抢过去,放在嘴上,使劲吹了半天也没吹响,赌气地说:"我家有一根竹子,比你这个好多了!"

第二天,鸿雁真的带来了一根竹子。苏武一见,大吃一惊。这是一支用很稀少的泪斑竹做的长箫,他在宫廷里见过。他急忙问鸿雁:"你家怎么会有此物?"鸿雁说:"这是单于送给我哥哥的。"苏武说:"单于怎么会把这么贵重的东西送给你哥哥?"鸿雁欲言又止:"我不知道。"

苏武睹物生情,心中涌起无限的伤感和悲痛。他拿起箫,不由得吹起来。

箫声如泣如咽。苏武把一腔的悲愤,百转的愁肠,千种的思绪,还有满怀的委屈,都通过箫声倾诉出来。他想,皇帝是否龙体康健,是否知道他还活着?他想,老母是否为他愁白了头发,妻子是否为他夜思难眠,两个还未成年的孩子是否学业有成、能够堂前尽孝?他还想到中原大地是否平安无事、百姓是否安居乐业……

"你不要吹了!"

鸿雁满脸泪痕,扑过来,紧紧抓住苏武的手,带着哭声说:"我受不了啦!"

苏武放下箫,木然无语,他的心还在远处。鸿雁把头靠在他的肩上,哽咽着说:"我知道你是汉朝的大官,单于不该把你关到这儿来,你一定想家了!"苏武抚着她的头,一声长叹:"身在异国,有家难回,能不想吗?"鸿雁说:"你要想家,我来陪着你,好吗?"苏武淡淡一笑,说:"傻孩子,净说傻话。"鸿雁认真地说:"我说的是真的!"苏武轻轻拍了一下她的头,说:"好了,不说了,我们该做点正经事了。"

苏武薅来一大把羊毛，教鸿雁怎样捻成线。鸿雁不解地问："做这个有什么用？"苏武故作严肃地说："先不告诉你，到时候就知道了。"

这一天，苏武织好了渔网，等鸿雁一来，就对她说："走，我领你去抓鱼。"鸿雁说："我们这儿鱼是很多，可是抓起来却很难，只有两个办法，一个是把泡子里的水放净，一个是用叉子叉鱼，你没有叉子怎么抓鱼？"苏武举起渔网说："就用这个！"鸿雁很惊异地说："这是啥呀？用它怎么抓鱼？"苏武笑了笑说："你跟我走吧！"

苏武和鸿雁来到一个泡子边，把渔网撒下去，过了一会儿把网拉上来，只见网上挂的鱼像蒜辫上的蒜一样密。鸿雁乐得拍着手又喊又叫。

苏武生了一堆火，用树枝穿上鱼，一边烤着一边告诉鸿雁："在我们那儿，鱼除了可以烤着吃，还可以煎着吃、炖着吃、焖着吃，都比这么烤的好吃。要是有锅，我就可以给你做一次，让你尝尝！"鸿雁让他说得馋得直吧嗒嘴，羡慕地说："你真行，啥都会呀，怪不得皇帝让你来呢！"

苏武又挂了一网鱼，让鸿雁都拿回去。鸿雁乐颠颠地骑马走了。

第二天早上，苏武正要赶着羊群去放牧，一队人马銮铃鸣响、彩旗飘展，急速而来。苏武心中正在疑惑，人马已到近前。鸿雁第一个跳下马，高兴地对他说："我哥哥看你来了！"随着鸿雁的话音，一个和苏武年纪相仿的男人利落地跳下马，对着苏武躬身施礼说："在下於靬王前来拜访苏大人！"

苏武手握节杖，挺胸说道："你们又要把我怎样？"

於靬王含笑说道："本王是来感谢苏大人救小妹之恩。"

苏武说："举手之劳，不必介意。"

於靬王说："且鞮侯单于是我长兄。我知道单于是有意刁难大人，我也特别敬重大人的品格。我曾劝过长兄让大人回去，但他固执不听，我也无可奈何。"

苏武说："我大汉自高祖开基，一向与匈奴交好，且鞮侯单于不识时务，执意要和天朝作对，恐怕匈奴百姓要跟着遭受祸患！"

於軒王忧虑地说："我身上流着汉人的血，我也到过中原，匈奴与汉朝本应友善共存，怎奈单于狂妄自大，总要兴兵，害得草原战乱不断、民无宁日。我今日前来就是要和大人道别，明日我就要带着小妹和族人远遁僻静之地。"

苏武听他话中有话，急忙问道："听你说来，单于又要和朝廷动兵了？"

於軒王叹了口气说："大人不知，单于近日多次冒犯中原，朝廷动怒，已派大兵前来。浚稽山一战，汉将李陵所带五千骑兵全部战亡，李陵投降了，单于更加得意，忘乎所以，命我带本部人马参战，我不想参与杀戮，只好避而远之。"

苏武用节杖连连击地，仰天痛诉："天哪，怎么会这样？生灵涂炭，百姓遭殃，谁之过？谁之痛？"

於軒王命随从卸下马背上的食物、生活用品，还有几只母羊，交给苏武，说："我要走了，不知什么时候才能回来，你要多多保重！"

鸿雁抓住苏武的胳膊，连连摇着说："我还要回来的，你一定要等着我！"

於軒王带着人马走了，草原又恢复了可怕的孤寂和宁静。

苏武带着无法排遣的忧伤和苦闷在草原上漫无目的地逡巡，打发一个个沉重而又没有任何期盼的日子。他曾经萌生过逃跑的念头，有了马，也许可以跑出草原。但他觉得这样有失他的身份和尊严，他是一国的使者，要堂堂正正地来堂堂正正地回去；再者，他答应了要等鸿雁回来，他不想失信。

苏武在一个泡子边的草丛里发现一窝雁蛋，他等了许久，不见大雁的踪影，就把雁蛋带回了帐篷，用羊毛絮成一个窝，把蛋放在里面孵化。

苏武小时看过家里的鸡鸭孵化，他每天都是带着急不可耐的心情盼着一个个幼小的生命诞生，那是他童年难忘的乐趣。这时候，他等着雁蛋孵化，不光是一种乐趣，还有一种说不出的期待。

一个月后，七枚雁蛋终于孵出了两只小雁。苏武像自己的孩子出世一样高兴。他每天都出去捕鱼，精心地喂养两个小家伙，领它们到草地里嬉戏。

小雁无忧无虑，长得很快，它们把苏武看成了自己的妈妈，成天跟着他摇摇摆摆地走、叽叽嘎嘎地欢叫。苏武把满肚子的话都说给它们。

不知不觉，小雁会飞了，一天比一天飞得远，渐渐地飞到湖里，跟大雁群掺在一起。可是它们每天还是回到苏武身边过夜。

秋天到了，天空中南飞的雁阵一天比一天多，天气也一天比一天冷。苏武知道，大雁在这里无法过冬，尽管舍不得，也必须让它们离开。他在两只雁的脚上各系了一根白布条，狠着心把它们赶走了。两只雁在空中盘旋了许久，带着穿透心扉的鸣叫，跟着雁群远去了。

苏武望断长空，不见了雁影，心像被刺了似的疼痛。他不知道，它们明年是不是还能回来？

这年冬天最冷，风也大，雪也多。一天夜里，狂风吹跑了帐篷，苏武只好躲进羊群，挤在羊肚子下，熬过了一晚。

这正是:

羔羊跪乳谢母恩,寒鸦反哺报寸心。
天地有灵纲常在,万物轮回日日新。

第五回　李陵持勇陷胡地　司马直言受腐刑

又是一年莺飞草长。

又是一年雁叫长空。

苏武在湖边看自己倒映在水中的身影，竟发现两鬓已经一片斑白，额头刻上了深深的皱褶。屈指算来，八年时光过去了，该怎么熬过这漫长的岁月？他时时搂抱在怀的那根象征身份的节杖，什么时候被磨掉了多半牦毛？风雪寒霜，孤苦无助，一切都不堪回首。唯一让他欣慰的是那两只野雁年年都会在春天准时回来，在他头上欢快地鸣叫，告诉他平安归来；在秋天领着一群它们的后代振翅南飞，在他头上发出嘹亮的长鸣，跟他深情地告别。大雁系着他的心，归来，牵动他的挂念；飞去，扯断他的思绪。他多少次梦见自己变成一只飞雁，自由地展翅，飞过万里蓝天，飞回日夜思念的家园！

苏武做梦也没想到，李陵会来这里看他！

李陵是单骑一人来的。要不是这里没有第二个人，他绝不敢相信眼前这个满脸风霜的老人会是苏武！

李陵跳下马，单膝着地，低头说道："子卿兄，小弟李陵多年挂念你，可是一直没脸来见！"

苏武沉着脸说："你没脸来见我，为何又来？"

李陵嗫嚅道:"我有话要说,不得不来。"

苏武冷冷地说:"你要说,就先说说,你怎么会背叛朝廷,降了胡人?"

李陵未说,先已泪下。

李陵本是汉朝名将李广的孙子。在苏武被扣胡地的第二年,且鞮侯单于侵犯中原更甚,汉武帝派出三路兵马去征讨匈奴,都是落败而归。李陵当时年轻气盛,主动请战,率领五千步兵出征。李陵的爷爷李广以神箭手之称闻名天下,后因随大将军卫青攻匈奴,迷失路途受到指责而自杀身亡。李陵和他的五千士兵也都个个善射,一路破敌,连连得胜,从遮虏障一直攻到浚稽山。可惜的是他孤军深入,后边的援兵迟迟不到,单于用三万骑兵把他们围在两山之间。李陵摆下阵势,前面一队拿着长戟和盾牌,后面一队全是神箭手,待匈奴骑兵临近,几千支箭一齐射出去,匈奴兵一排排倒下,死伤无数。李陵打退了敌兵连忙往回撤,单于恼羞成怒,亲率八万骑兵追来。步兵哪能跑过骑兵?李陵和他的士兵被围在一个山谷中,凭借着树木做掩护,又射死了很多敌人,连单于都差点被射中。单于担心汉军步步后退,是因为后面有汉军埋伏,就想收兵回去。正在这时,卫律赶到,他告诉单于,他已查明,汉军没有援兵,李陵虽然勇猛,但箭已射完,没有什么可怕的了。于是,单于下令全力攻打。从日落打到夜半,李陵的士兵射光了箭,人也只剩下几百。李陵对他们说:"天要亮了,咱们谁也出不去了,你们跟着我往外冲,活一个是一个,回去告诉朝廷,咱们没给皇上丢脸!"

李陵带领着他的士兵怒吼着往外冲杀,单于的兵马点着火把截住厮杀。到最后,只剩下几十个士兵了,李陵在后面抵挡,忽然,脚底下被什么绊了一下,跌倒了,没等爬起来,已被人死死摁住。

李陵无奈，暂时投降了匈奴。多年来，汉朝和匈奴交恶时互有降者，互留使者；示好时又互派使者，互放降者。李陵就想等着这一天。

汉武帝听说李陵投降了匈奴，心中生气，又有些疑虑，就召集大臣商讨怎么处置。打了败仗的那几个大臣和将领没有一个说好话的，有的说李陵根本就不会打仗，有的说他是贪生怕死，有的说他背叛朝廷，罪该灭族。当时担任太史令的司马迁跟李陵并不相熟，但他很敬重李家祖孙的忠诚和勇敢。他心性正直，知道李陵投降匈奴不对，但他也更看不惯那些朝臣的谄媚和小人伎俩，便出班奏道："李陵素来重孝道、讲信义，国家有难，挺身而出，更为难得。此次，李陵仅带兵五千，深入胡地，重击胡兵，只因皇上派出的援兵迟迟不到，以致箭尽兵败。事虽如此，但他以一当百，杀敌数倍，足以告慰天下。"

司马迁说完，群臣不语。汉武帝神色不悦地说："太史令是责怪朕不发援兵了？"司马迁叩首说："微臣不敢！臣想李陵没有如他祖父那样自尽，怕是有他的主意，一定会找机会，将功折罪报效皇上。"汉武帝说："以你之见，该怎样处置此事？"司马迁说："皇上万不可听信谗言，罪及族人，那样就会断了李陵的归路！"

汉武帝觉得司马迁说得在理，当初，他知道李陵兵微将寡，孤军深入敌后，本已派了都尉路博德率兵前去支援，是他听了李陵连连得胜的消息后，改派路博德另去他处。想到这里，他就决定再派路博德带兵进攻匈奴，把李陵接回来。谁知道，路博德一到胡地，就被打得落荒而逃，差点丢了性命。他回来编了一个谎言推脱责任，他跟皇上说：他从一个抓住的匈奴士兵的口里得知，李陵当了单于的军师，亲自领兵攻打汉军。路博德是皇帝信任的人，他的话不能不信，当下，汉武帝下令把李陵全家老少一齐抓来，统统问斩。又把一肚子怒火撒在司马迁身上，认为他敢替李陵说话，是有意和朝廷作对。于是，就把司马迁定了死罪，下到牢里。

李陵听说全家惨遭灭门，痛不欲生。他知道自己回去已经无望，终日借酒浇愁。偏偏且鞮侯单于爱他勇猛，慕他箭法，把自己的闺女嫁给他，封他为右校王，他也就不再作他想。不过，他从来不参与匈奴和汉朝两军之间的任何战事。

李陵说罢，唏嘘不止。苏武慨然一声长叹，说："事到如今，你又来我这儿干啥？"

李陵说："我早已知道你在这儿受苦，你的气节让我无地自容。单于知道我和你相识，他一直很敬重你，特意让我来看看你。"

苏武说："单于让你来看我，是想劝我像你一样吗？"

李陵羞红了脸说："子卿兄，这么多年，你一个人在这里吃苦，这份忠心谁知道呢？"

苏武以杖拄地："你知，我知，天知，地知，皇上会知道！"

李陵沉吟一下，说："有些话我不得不说，我来的时候就知道你的老母已经过世，不久前，我又听说你的妻子已经改嫁，你的一对儿女不知是死是活，下落不明。"

苏武面南而跪："老娘，是儿不孝，不能给您养老送终！"

李陵接着说："我还得告诉你，你大哥奉车都尉，跟皇上到雍城的棫阳宫，扶着皇帝的车子下殿阶，碰到了柱子，折断了车辕，以大不敬之罪自杀。你弟孺卿跟皇上去祭祀河东土神，骑马的宦官与黄门驸马（宫中掌管车辆马匹的官）争船，把黄门驸马推下河淹死，宦官骑马逃走。皇上命你弟去追，他追不到，难复圣命，服毒而死。"

苏武满脸泪痕，嘴唇颤抖着说不出话来。

李陵叹息说:"我刚来的时候,心里很痛恨自己对不起朝廷。是皇上杀了我的全家,逼得我无路可走,不得不留在这里。你不愿意投降,我又何尝愿意呢?现在皇上已经老了,是非不明,今天说杀谁就杀谁,谁都不知道明天脑袋还在不在颈上。子卿兄,你已家破人亡,你在这儿遭受这样的苦楚为了谁呢?"

　　苏武擦干了泪水,郑重地说道:"君要臣死,死而无怨。朝廷有对不起自己的地方,可自己不能对不起祖宗,对不起父母之邦。你要我投降的话不必说了!"

　　李陵自感惭愧,不再说啥。在这儿一连住了几日,与苏武喝酒聊天,在草原上闲游。那一天,两只大雁嘎嘎叫着飞过来,李陵说:"看我射下一只,咱们喝酒!"说着,抄起弓就要射,苏武一把拦住他,说:"不能伤它们,它们是我的孩子!"说话间,两只大雁已经扑扇着翅膀落在了苏武的脚边,用嘴轻轻地叼啄他的衣袖。李陵惊诧不已。苏武告诉他,这是他亲手孵化的两只雁,它们到这世上第一眼看到的是谁,就把谁当成了母亲,牲畜再小,也懂得养育之恩。

　　这一日,俩人饮酒作别,李陵乘兴说道:"子卿兄,临别能不能再听我说一句心里话?"苏武放下酒杯,正色说道:"若大王还要说让我投降的话,我就死在大王眼前!"

　　李陵把满杯酒一饮而尽,潸然泪下:"你叫我大王,真叫我无颜活在世上。我李陵和你比,你是顶天立地的壮士,我是猪狗不如的畜生。"

　　李陵翻身上马,绝尘而去。

　　几天以后,李陵让妻子给苏武送来很多东西,还有一顶很结实很暖和的帐篷。

　　李陵还捎来一首他写给苏武的诗:

骨肉缘枝叶，结交亦相因。
四海皆兄弟，谁为行路人。
况我连枝树，与子同一身。
昔为鸳与鸯，今为参与辰。
昔者长相近，邈若胡与秦。
惟念当乖离，恩情日以新。
鹿鸣思野草，可以喻嘉宾。
我有一樽酒，欲以赠远人。
愿子留斟酌，叙此平生亲。

苏武十分感慨，当即回诗一首：

黄鹄一远别，千里顾徘徊。
胡马失其群，思心常依依。
何况双飞龙，羽翼临当乖。
幸有弦歌曲，可以喻中怀。
请为游子吟，泠泠一何悲。
丝竹厉清声，慷慨有余哀。
长歌正激烈，中心怆以摧。
欲展清商曲，念子不得归。
俯仰内伤心，泪下不可挥。
愿为双黄鹄，送子俱远飞。

这正是:

说古论今是与非,叛祖逆宗不可为。
身前荣辱身后看,令公头断李陵碑。

第六回　鸿雁生情嫁羊倌　苏武滴血悼汉皇

天进五月，阴雨绵绵，连续下个不停。苏武整天只能待在帐篷里，听着风吹雨丝飒飒作响，如在心里一般，刮得心乱，淋得心冷。他记不得这是哪一天，但这样的天气应是端阳前后，不免让他想起报国无门、投江自尽的先人屈原。一醉解千愁，一死解千忧。可是，他没有死的念头。死很容易，活很艰难，这样无声无息地死去真如一滴晨露，一株枯草。他活着，没有荣华富贵可图，没有全家团圆可盼，他只想用这种坚守证明：单于虽然囚住了他的身体，但是，永远囚不住他一颗思念祖国、思念家乡的心。

苏武坐在帐篷门口，望着外面茫茫的雨雾，怀抱着那支节杖，吹着那支竹箫。

箫声悠悠，时而舒缓，时而急促，时而低回，时而高昂。此刻，苏武没有了国忧，也没有了乡愁，有的只是期望和渴盼，尽管那么遥不可及，就像一个永远的梦……

突然，帐篷的门帘猛地掀开，扑进一个人来，跟跟跄跄，差点跌进苏武的怀中。

"鸿雁？"苏武惊得倏地站起来。尽管眼前的这个姑娘长高了许多，长大了许多，他还是一眼就认出了她。

鸿雁衣着单薄，浑身湿透，抱住苏武就哭："羊倌儿救我！"苏武忙问："你怎么了？"鸿雁说："单于派人抢我！"

苏武怕她受凉，找出衣服让她换上，又生起一堆火，一边让她取暖，一边安慰她："你别怕，有啥事慢慢说。"

鸿雁告诉他：她和且鞮侯单于不是一母所生，和於靬王是亲兄妹。草原上有好几个单于，总起内讧。最近有几个单于串联要把且鞮侯单于整下去。且鞮侯担心自己力量单薄，就想采用汉朝和亲的办法，把鸿雁嫁给西域的一个势力最强的大宛王，用这招儿把大宛王拉过来，对付那几个想要谋反的单于。於靬王不同意，且鞮侯单于突然派人来抢，於靬王和族人挡住来兵，让鸿雁趁乱逃走。她无处可去，只好连夜跑出四五百里，来到这里。

苏武听她说完，担心地说："不知道你哥哥於靬王现在怎样？"

鸿雁抽泣着说："我也不知道，我哥哥为了我……"

鸿雁说不下去了。苏武故作轻松地说："你放心好了，你哥哥不会有事的，你先安心地在这儿吧。"鸿雁点头不语。

借着火光，苏武这才看清，鸿雁已经长成了一个大姑娘，出落得更加美丽。苏武的心动了一下，顺口说道："几年不见，你已经长成了大姑娘，你哥哥怎么还没把你嫁出去？"

鸿雁的脸一红，低下头说："是我不嫁。"

苏武说："男大当婚女大当嫁，你恐怕都二十岁了，怎能不出嫁？"

鸿雁歪头瞅着他说："你没回去呢，我就不嫁！"

苏武不由得笑了："你这个傻丫头，净说傻话！我这一辈子回不去，你就一辈子不嫁？"

鸿雁认真地说："我不是傻丫头，我说的是真话！"

这工夫，帐篷外一阵嘎嘎雁叫，苏武忙把门帘打开，那两只大雁扑扇着翅膀快步跑进来，冲着苏武直叫。苏武以为它们饿了，忙找出食物。两只大雁却连瞅都没瞅，踱到苏武脚前，用爪使劲儿拍打。苏武看见两只大雁脚上缚着的白布条不见了。苏武的心头一热，想不到它们竟将这个记号看得这么重要。苏武重又撕下两条白布条，给它俩仔细系好。

两只大雁亲昵地嘎嘎叫着飞走了。

鸿雁看呆了！

"它们怎么会跟你这么亲？"

苏武深情地说："是我把它们孵出来，养大的。"

鸿雁动情地说："我要也是一只大雁多好！"

苏武笑着说："你就是草原上的一只大雁啊！"

鸿雁噘着嘴说："我说的是你要把我养大多好！"

连天的雨不大不小，不紧不慢，下到晚上还没有停息的意思。吃过晚饭，苏武让鸿雁躺下休息。自己坐在火堆旁，一边往火里填着柴火，一边烤着鸿雁的衣服。

鸿雁突然说："我知道你为啥不睡！"

苏武说："我还不困。"

鸿雁坐起来，大声说："我告诉你，按我们的规矩，一个男人和一个女人在一起过夜，就得成为夫妻，不管你愿意不愿意，你都得娶我！"

苏武说："说你是傻丫头，你真是傻，你为啥要跟着我在这里受苦呢？"

鸿雁走过来，贴在他的肩上，嘴对着他的耳朵说："你是好人，我没拿你当汉朝的大官，你就是当一辈子羊倌儿我也跟着你！"

苏武情不自禁地抚着鸿雁的头发，心里升起一股热流。面对一个这么善良、纯洁的姑娘，哪个男人能不被感动？不为之动心呢？

没过几天，於軒王带着几头驮着东西的骆驼和几十只牛羊来了。他胳膊上带着伤，见着苏武就说："我知道，我的妹妹准得上你这儿来。这些都是她的嫁妆，请你收下！"

落难之时，能够得此厚待，苏武自是感激不尽。

於軒王和苏武席地而坐，摆上酒壶，边饮边谈。於軒王说："我已带着我的全部家产和族人，迁到你的近处。我已想好，我不想欺负别人，也不想别人来欺负我。听说你很熟悉兵器，我想让你帮我打造和修理一些刀剑和弓弩，训练一些兵马。守住这块地方，不被他人侵占。"

苏武觉得於軒王这个人心地很善，又很诚朴，是个可交之人，就一口答应了他的请求。

辽阔的大草原没有刀光剑影，没有人吼马嘶，一切都显得那么温馨、祥和，天仿佛格外的蓝，草仿佛格外绿，就连那吃草的牛羊和忙碌的人们，也都显得那么可亲、可爱。

这是苏武十多年来心情最为轻松的日子。

更让苏武高兴的是鸿雁生下了一个孩子，是个男子汉，小家伙响亮的哭声给静谧的草原增添了无限的生机，让苏武更坚定了活下去的信心。

苏武给这个降生在异域的儿子起名叫通国。山高水远，隔断了身，隔不断和祖国相连的心……

苏武教於軒王的人织网捕鱼、编篓捞虾，埋弩射狼，挖窖捉鹿，还教他们汉话，给他们讲中原的历史……

这样的日子没过多久。

苏武的儿子刚会在草地上蹒跚走路时,於靬王突然一病不起,很快死了。族人抢掠了他的家产四散而去。更可恶的是有人趁机偷走了苏武所有的牛羊和马匹,还偷走了很多生活用品。

苏武重又陷入困境。

好在渔网没被偷走,苏武和鸿雁靠打鱼、挖野菜、采山货,还能艰难度日。不过,对苏武来说,有鸿雁和孩子陪着,他没有觉得苦,只是让她们娘俩跟着他过这种日子,他的心里很不安。

李陵来了,他告诉苏武:汉武帝死了。

苏武面南而跪,扶着节杖,一边叩头,一边放声大哭,直哭得声嘶力竭,瘫倒在地。李陵搀他起来,劝慰他说:"这是何苦?你对皇上这样尽忠,皇上怕是早已将你忘了。"

苏武哽咽着说:"自古君臣如父子,父亲有什么不对的地方,儿子也要尽忠尽孝。皇上先我而去,我不能扶榇在侧,乃是天下第一不孝,怎么能不痛悔?"

李陵说:"我听说单于想要趁中原无主,举兵南进,怕是又要起战乱了。"

苏武说:"先帝虽去,后主嗣立,必有忠良之臣庇佑,想我浩浩天朝,岂能被小小胡人欺辱?"

李陵说:"国无大小,君明自强。我在且鞮侯身边多年,看出他还是比其他单于高出一筹。至今他更敬重你……""此话打住!"苏武挥手截断了他的话,"我知道你要说啥!我苏武十年前守志不降,十年后其志更坚,你告诉他,不要在我身上枉费心机!"

李陵惭愧地一笑说:"子卿兄之志上可告天,下可慰地,无人可比。我再说什么都是自取其辱。"

李陵走了。苏武叫过鸿雁和孩子，三人一排面南跪下……

正是天高云淡，秋风萧瑟，雁阵南归的时节。一队大雁飞至苏武的毡房上空盘旋鸣叫。苏武挥手，两只头雁俯冲而下，落在他的脚旁。

苏武扯来两条白绫，用针刺破中指，让血滴在白绫上，然后，把染血的白绫系在两只大雁的颈上。

大雁带着穿透心扉的啾鸣，在长空中向南飞去。

苏武久久地望着雁群，仿佛一颗心也飞去了……

这正是：

野菜充腹苦也甜，霜打薄衫不觉寒。

只因妻儿长相伴，不求富贵求团圆。

第七回　大雁拼死传书信　苏武忍痛别妻儿

在中原，汉武帝死了，汉昭帝继位了。汉昭帝当了皇上的第二年，匈奴的且鞮侯单于也死了。草原上顿时陷入一片混乱，他的几个兄弟和儿子都想当单于，阏氏想立自己亲生的儿子，就请卫律帮忙，卫律也怕别人当了单于对他不利，就和阏氏联合起来，杀了两个公开叫嚣想要争权的人，立阏氏的儿子壶衍鞮当了单于。阏氏知道自己的儿子势孤，既怕匈奴内部有人谋反，又怕汉朝派兵来打，就让卫律给出主意。卫律想不出什么好办法，只有和汉朝和亲这一条老路可走。匈奴就派了使者来到大汉京城长安。

汉昭帝刚当上皇帝不久，也想安定自己的地位，不想和四邻兴兵动武，见匈奴主动派人来求和，当然也是求之不得，立刻应允。不过，汉昭帝还没忘了让匈奴把扣留的使者送回来，同时，还挺大度地提出，卫律和李陵也可以回来，不咎其降敌之罪。

很快，被扣在匈奴的汉使都回来了，李陵没脸回来，卫律不想回来。跟苏武一起出使的人也回来了好几个。

汉昭帝问匈奴使者："怎么不见苏武回来？"

匈奴使者回答："苏武已经死了。"

汉昭帝"啊"了一声，也就没有再问。

匈奴使者接着说:"皇上同意和亲,何时把汉室公主送过去?"

汉昭帝说:"要是单于真心修好,那就亲自前来迎接,以示诚意。"

匈奴使者回去禀报单于,单于同意,立即动身,快马加鞭赶赴长安。汉昭帝没想到单于会这么性急,就留下单于,一边派人陪着他在京城游玩,一边安排让哪个宫女顶替公主,同时命人筹办嫁妆。

又是深秋,长空雁鸣不断。一队大雁飞至苏武的毡房上空,两只跟在雁阵后面的大雁盘旋而下,落在苏武的脚下。

苏武的心里很酸楚,看着这两只他孵化养育的大雁已经羽毛脱落,从领着雁队南飞北往,到跟在雁阵后面艰难飞行,十多年过去,它们已经老了。也许,这次离去就是永别。世上万物皆有灵,唯有生离死别最伤情。

李陵来过,告诉苏武,匈奴扣留的汉朝使者都放回去了,不知为何,匈奴使者谎称他已死了,没让他回去。

苏武没有愤怒,也没有悲哀。这么多年都过来了,还怕等下去吗?

空中的雁阵已经远去,两只大雁仰脖望望天空,又望望苏武,发出急切的低鸣,好像是在告诉他,它们就要走了,再不走,就跟不上雁阵了。

苏武扯下四条白绫,咬破手指,用血在白绫上写下:苏武不死!苏武活着!他把白绫牢牢地系在大雁的脚上,挥手让它们飞去。

两只大雁,戴着四条白绫,像放飞的风筝飘飘远去。

苏武的心跟着飞去了……

壶衍鞮单于返回长安的头一天,汉昭帝带着他到上林苑去行猎。汉昭帝很高兴,单于也很高兴,因为单于相中了公主的美丽,还有那一大批嫁妆和礼物,信誓旦旦地表示,要和汉朝永世和好。

天空中飞来一队大雁，嘎嘎地叫着。汉昭帝命人把弓递给单于，说："听说你们胡人都善射，就请单于展示给朕看看。"单于也想在汉武帝面前露一手，就接过弓来，搭箭射去。

单于连射三箭，一箭也没射中。再要射，雁群已经远去。单于自觉发憷，把弓还给汉昭帝说："献丑了！"汉昭帝一笑了之。

这时候，天空中两只大雁拖着四条白绫迟缓地飞来，犹如风中飘摆的风筝。众人一见不由得齐声惊呼："快看！"

汉昭帝早已看清，那两只大雁飞得不高，飞得又缓，看着很好射，就想展示一下箭术。他拈弓搭箭，没等箭射出去，只见那两只大雁飘飘摇摇地跌落下来，坠在他的脚前。

大雁摔下来还没有死，哀鸣一声，费力地翻转身子，把脚朝上伸开，才断了气。

在场的所有人都震惊了。大雁脚上系着的白绫上，血字清晰可见：苏武活着！苏武不死！汉昭帝把白绫拿在手里，看了又看，对单于说："你看，这是怎么回事？"

单于嘴里"哦哦"着，一句话也说不出。

汉昭帝沉着脸说："这大雁都能以死传书，告诉朕，苏武活着，你怎么说他死了？"

单于怯怯地说："小王说了谎话，苏武是还活着。"

汉昭帝厉声说："你马上传回信，立刻送苏武回来，待他回来，我才能送公主出嫁！"

单于应声说："是！"马上派人回去传令，送苏武回来。

汉昭帝动情地说："苏武留胡这么多年，不辱圣命，不失节，不变志，感动天地，大雁才能舍死为他送信！朕要在他归来之时，亲自到边关迎接！"

李陵听到了苏武回国的消息，马上去告诉苏武。他特意带了酒肉，和苏武一边饮酒祝贺，一边说些离别的话。

李陵说："子卿兄能够还朝，自然可喜可贺，可是，单于有令，只放你一人回去，不让夫人和令郎同行，你作何打算？"没待苏武开口，鸿雁含着泪说："我知道单于一向多变，如今同意夫君回去，夫君不可耽搁，尽快归去才是。"苏武眼望妻子和儿子，心痛地说："此刻，我是归心似箭，恨不得立刻回到中原。可是，让你们孤儿寡母在这儿受苦，我又怎会心安？"鸿雁说："夫君不用挂念，我会照顾儿子，你回去了，我们总有团聚的那一天！"李陵说："嫂夫人说得有道理，子卿兄不用多虑，我会在这儿尽力照顾。"苏武端起一杯酒，冲李陵道谢说："有你此言，我也就放心了！"

李陵端起一杯酒，未饮泪先流。他握住苏武的手，难过地说："子卿兄此时能归，我是又喜又悲。喜的是你苦守这么多年，在匈奴扬名，为朝廷立功，可谓无人能比！悲的是我李陵一时苟活，朝廷如是不灭我满门我还有将功折罪之机，不至于到此地步。我今生是再也回不去，今天怕是永别了！"说罢，掩面大哭。苏武被他哭得心里很难受，泪水也溢出了眼眶，可是却不知说什么。苏武找不出合适的语言安慰他。

李陵饮尽一杯酒，站起身来，拔出佩剑，情难自禁，边舞边歌：

径万里兮度沙幕，为君将兮奋匈奴。
路穷绝兮矢刃摧，士众灭兮名已颓，
老母已死，虽欲报恩将安归？

李陵歌罢，泪如雨下，弃剑上马，拱手对苏武说："从此一别，后会无期,请君保重!"

李陵扬鞭打马,头也不回地疾驰而去。

苏武一手扶妻,一手牵儿,目送李陵的背影隐进苍穹。此时,夕阳落地,满天云霞似火,三人凝望的身影如同一组铜铸的雕塑……

这正是:

  鸿雁传书为哪般?目穷千里盼归田。
  落地生根知土暖,开花结果献心丹。

第八回　苏武回朝复使命　鸿雁归家得团圆

苏武终于回来了！

那一天，长安城如同过节，鞭炮作响，鼓乐有声，百姓夹道迎接，争睹这个令人称奇令人敬仰的英雄。

屈指算来，19年，近7000个日夜，呱呱坠地的婴儿都已长成娶妻生子的男子汉！当年，踏入那片异土陌域的时候，还是精力充沛、胸怀抱负的壮年；而今，重回故土家园的时候，已是风霜满脸、白发满头。该是怎样的信心和毅力支撑他度过那么漫长的岁月？该是怎样的坚贞和不屈让大雁为之舍命传情送音？

苏武骑在马上，走在熟悉的京城，望着可亲的家乡父老，心里百感交集，他把那支已经磨得光秃秃的节杖紧紧地搂抱在怀里，一句话也说不出，只任泪水潸潸流过脸颊，滴落在那支节杖上……

苏武径直入朝，郑重地把节杖交给汉昭帝。汉昭帝摸着那支节杖，眼角涌出了泪水。良久，他才轻轻地叹息了一声，把节杖还给苏武说："你到先帝庙里去祭祀一下吧，把节杖交给先帝，告诉先帝，你完成了使命，让先帝也放下心，为你高兴！"

苏武去了先帝灵庙，献上节杖，一时，千重伤情，万重苦味，一齐涌上心头，他止不住放声大哭。是为死了的皇上，还是为活着的自己，他说不清，分不明。只是一任泪水倾泻过后，他的心里轻松了许多。

汉昭帝念苏武出使匈奴有功，封他为典属国，这是负责对外事务的最大的官职。

苏武虽然回来了，自己的家却早都没了，家人也生死不知，杳无音信。汉昭帝派人在京城为他重新建造宅院，又命人四下寻找他的家人。

房子盖好了，家人却没有找到。苏武犹豫再三，上朝叩见汉昭帝，说他在匈奴有一子，请求皇上让他回来。汉昭帝一听，责怪他说："这是好事，你为何不早说？"

当下，汉昭帝马上派人去给匈奴单于送信，让苏武的儿子回来。

没过多久，匈奴单于让使者护送苏武的儿子苏通国回来了。苏武带着儿子上朝谢恩，汉昭帝很高兴地说："你儿子回来了，朕非常高兴，过些日子，朕再亲自为你挑选一个合适的女子，给你作妻，赐你一些银两财物，你也不用天天上朝，就在家安度晚年吧！"

苏武忙说："谢谢皇上的美意，臣已有妻子。"

汉昭帝说："你妻子在哪儿呢？"

苏武说："臣妻还在匈奴，是於靬王的妹妹，臣子就是她所生。"

汉昭帝有点不悦："朕把公主嫁给匈奴单于为妻，匈奴王把妹妹嫁给你为妻，两国和亲，这是好事，你怎么还不敢对朕说？"

苏武说："微臣怕在出使匈奴期间，私自收妻，有辱使命，故不敢言。"

汉昭帝沉着脸说："做都做了，还说什么有辱使命？"

苏武吓得赶忙跪下磕头，连声说："臣有罪，臣该万死！"

汉昭帝一摆手说："好了好了，朕念你吃了那么多年苦，对朝廷有功，不追究你的过错了。既然你的妻子已经为你生儿，朕不能不成人之美，即刻派人去匈奴，接你妻子回来就是。"

苏武转忧为喜，匍匐在地，连声称谢。

时过不久，汉使从匈奴回来，对汉昭帝说："单于有令，说苏武的妻子是匈奴人，不让她回来。"

汉昭帝有些恼怒："岂有此理，我的公主能去他们那里，给单于作妻，一个小小的匈奴王的妹妹怎么就不能嫁给我的大臣为妻？"

使者说："匈奴单于说了，不管怎样，要想苏武的妻子回去，除非刀兵相见！"

"狂妄！无耻！"汉昭帝生气地在地上转了几圈，想了想，忽然露出笑脸，对苏武说，"不就是一个匈奴王的妹妹吗，不值得计较，朕在皇室为你遴选一个相当的女子就是了。"

苏武犹如当头泼下一盆冷水，浇灭了心里燃烧的希望。他对皇上说："皇上不必再为小臣操心，臣已年迈，不想再娶妻小。"

汉昭帝就势说："你既有此意，朕也不勉强你。"

苏武回到家里，终日闷闷不乐，看着儿子，就想起鸿雁。每晚做梦都是妻子的身影，她孤身一人在那茫茫的草原，会怎样面对那虎豹豺狼的凶恶？会怎样面对那孤苦无依的煎熬？

苏武病了，日渐沉重，卧床不起。

这一日，苏武正在半醒半睡之中，忽有家人来报，说院外有一逃荒女子，赖在门口不走。苏武心烦地说："你们多给她些钱物不就是了！"家人说："那女人不要钱物，口口声声要见大人！"

苏武正在疑惑，隐约听见外面有人喊着："羊倌儿！羊倌儿！"他心头一惊，起身下地，急忙跑出去。

打开院门，苏武一眼就看见，门口站着的这个女人不是别人，正是他日思夜想的爱妻鸿雁。

鸿雁衣衫褴褛，满面灰垢。

"怎么是你？"苏武搂住鸿雁，嘴唇颤抖，"这不是做梦？"

鸿雁扑在苏武怀里，竟像个受尽千般委屈的孩子一样大哭起来。

洗过，梳过，换过衣服，尽管消瘦憔悴了许多，鸿雁还是又露出了俊美的面容。

鸿雁告诉苏武：壶衍鞮单于听说汉朝要接她回去，就打算把她嫁给西边的一个单于，李陵知道了这个消息，就偷偷地跑来，给她一匹马，送她出了胡地。没想到，她刚进了边关，随身所带的东西都被贼寇抢去，她一路乞讨，跋涉多日才来到长安。

苏武拉着鸿雁，左看右看，仿佛怎么也看不够，说不出满心的高兴和激动，也对李陵多了一份感谢和思念。

不用说，苏武的病立刻好了，但他却没有声张，就此抱病，告老归家，和鸿雁、儿子一家过起了平和安静的日子。

这正是：

持节受命奉壮年，身羁胡地汉心坚。
舍生忘死志不移，一曲颂歌传万年。

曹月娥之梦

第一回　除奸相刘备结怨　打徐州曹操寻仇

　　曹操有五个女儿，大女儿月娇早嫁，为了达到"挟天子以令诸侯"、称霸天下的目的，他把二女儿、三女儿、四女儿打包嫁给了汉献帝，唯独把小女儿曹月娥留在身边，行军打仗也跟他在一起。这说明曹操真是把她看作掌上明珠，非常宠爱，舍不得把她嫁出去。

　　俗话说：哪个女孩不爱美，哪个女孩不思春？17岁的曹月娥聪明伶俐，貌美如花，她做梦都想嫁个如意郎君。她的梦中情人会是谁呢？

　　故事还得从头说起。

　　曹操决定攻打刘备。

　　这是一场没有任何悬念的战争。曹操带领的是一支二十万人马的精悍部队，刘备手下只有五万守军，而这五万人马也是从曹操那儿借来的，到时候帮谁打仗还说不定，这场战争的胜负就可想而知了。

　　曹操早就想收拾刘备。

　　曹操自打领了圣旨，出兵镇压造反的黄巾军，击垮了张角，杀死了张梁、张宝，招降了许多黄巾军的人马后，就从中挑选出十万强壮的降卒，组成一支"青州兵"。曹操还因此功劳，被朝廷封为镇东将军。

曹操坐镇兖州，一方面继续招兵买马，一方面开始招贤纳士，文的招来了荀彧、程昱、郭嘉、刘晔、满宠、吕虔等名士；武的收来了夏侯惇、典韦等良将。

曹操的父亲曹嵩原来在朝里当司马，后来用一亿钱买了个当朝最大的官——太尉。谁知由于外戚和宦官争权相斗，致使董卓带兵入京，废了少帝，改立献帝。董卓专横跋扈，乱杀无辜。为躲祸乱，曹操让老父弃官，举家迁到离京都长安几百里外的琅琊去隐居。不到两年工夫，董卓就被杀死，曹操把持了朝政。

曹操已经没有了心腹之患，势力又今非昔比，便想把老父和家人都接过来。

曹操有个习惯：族里男子，凡是年龄够的都要投军。自己的家人，不管是妻妾，还是幼男弱女，都要随带在军营，一是为了便于看管照料，二是为了让子女们早点接受征战的熏染，适应那种特殊的戎马生活。

曹操派人到了琅琊。老父知道儿子已经出息得子承父业，便高兴地和曹操的弟弟曹德带着一家老小四十余口，仆人一百多个，满载着家财的车子一百多辆，浩浩荡荡地奔向兖州。

从琅琊到兖州，中间要经过徐州。徐州太守陶谦原本就想讨好曹操，见此机会，便把曹嵩接进城里，设宴款待两日以后，派了部将张闿带了五百兵丁护送上路。没想到，张闿和手下人见财起意，半路上杀了曹嵩全家，抢夺了财物四散逃去。曹操得到噩耗，认定就是陶谦唆使，发誓要血洗徐州，鸡犬不留。

曹操领着大队人马杀向徐州。陶谦自知兵微将寡，不是曹操的对手，便派人出去求援。

陶谦派谋士糜竺到北海去找太守孔融，孔融便让平原县令刘备前往徐州救援。刘备的兵马一到徐州，就和曹操的先头部队展开了激战。刘备的两个结拜兄弟关羽和张飞一马当先，几番厮杀，终于击溃了曹军，暂时解了徐州之围。

刘备并不想和曹操为敌，就写了一封书信给曹操，一面替陶谦解释求情，一面又说董卓余党李傕、郭汜等人正在扰乱朝政，力劝曹操从大局出发，摈弃私仇，撤兵回朝。曹操看了这封信，气得拍案大骂："刘备是个什么东西，竟敢来教训我？"喝令要将来人推出斩首。谋士郭嘉连忙拦住，劝道："刘备远道而来，先礼而后兵，主公理应好言相复，使他失去戒备，然后咱们再从长计议。"

曹操听了郭嘉的话，觉得有理，便让手下安排款待来人，等他回信。就在这时，接到探马急报：吕布已经乘虚带兵攻占了兖州。曹操一听老营被占，急急忙忙撤兵回援。等他打败了吕布，收复了兖州，却听说徐州太守陶谦已死，临死前把太守让给了刘备。曹操闻讯大怒，立刻要重新去攻打刘备。不料，京都长安又生乱事：把持朝廷的李傕、郭汜彼此不和，相互残杀，献帝和百官颠沛流漓，辗转逃到洛阳。于是，曹操采用了谋士们的建议，带领全部人马，很快击溃了李傕、郭汜，护卫着献帝迁都许都。

曹操从此像董卓一样独掌了朝廷大权。

就在这期间，曹操听说被自己赶出山东的吕布无路可走，投奔了刘备。刘备让他带领自己剩余的三千人马暂时驻在离徐州四十里之遥的小沛。哪想到，就在刘备忙于出兵抵御北方袁术的进攻时，吕布却乘机抢占了徐州，让刘备又变得无家可归。无奈之下，刘备又派人向吕布求和，吕布又让刘备暂驻小沛。

刘备到了小沛以后,心里不甘,明里归顺吕布,暗地招兵买马。有一次,吕布派人到山东买了三百匹好马,途经小沛,却被一伙强盗掠走了半数。吕布一打听,原来是刘备的部下张飞干的。吕布大怒,亲自带兵攻打小沛。刘备打不过吕布,只好带着自己剩余的人马投奔曹操。对于刘备的到来,曹操倒是殷勤相待。不过,他的部下却有不同的看法,尤其是那几个谋士。荀彧认为刘备是个很有野心的人,不趁现在把他除掉,将来必然后患无穷。而郭嘉却认为现在杀掉刘备不合时宜,因为曹操兴兵打的是为民除暴的旗号,正需要招纳四方豪杰,如果这时杀了刘备,就会让天下仁人志士避而远之。曹操认为郭嘉说得有理,就留下了刘备,还向朝廷推荐刘备做了豫州牧。不久,曹操就带着刘备一起去攻打吕布。这一仗直杀得吕布的人马片甲不留,手下的战将死的死,降的降,吕布本人也在白门楼上被斩。

曹操得了大胜,休息几日便带着刘备班师回朝。

刘备原以为这次破了徐州,曹操会让他留在徐州重做太守,谁知,曹操回京后却派了他的部将车胄带领本部人马出任徐州刺史,统管徐州。

曹操回到京城之后,自恃功高,独掌朝权,连皇上献帝也不放在眼里。有一次,曹操邀请献帝出城狩猎。百官随行,曹操和皇帝的马一起走,只差一个马头。狩猎时,献帝对一只大鹿连射三箭,一箭也没中。曹操从皇帝手中拿过宝雕弓和金镞箭,一箭射去,大鹿倒地。文武百官看见死鹿身上带着金镞箭,以为是皇帝射中,一齐山呼万岁。曹操却在此时勒马横在皇帝前面,接受欢呼。很多大臣气愤不已。国舅董承讨了献帝血书的衣带诏,暗中联系了王子服、种辑、吴硕、刘备等十来人,准备伺机锄掉曹操。事隔不久,刘备就以征讨袁术的名义,带着曹操拨给他的一队人马直奔徐州,杀了车胄,重新执掌了徐州。

这期间,由于有人告密,董承等人犯事被曹操全部杀了。曹操又在衣带诏上看到了刘备的名字,他气得头痛难忍,恨不得立刻就把刘备抓来,碎尸万段。

这正是:

青梅煮酒已论雄,纵横捭阖决铁铜。
世事已非孰难料,恩仇一怒问刀兵。

第二回　刘备兵败投袁绍　张飞军溃遁芒砀

刘备知道曹操早晚要来攻打徐州，可是他没有想到曹操的兵马会来得这么快。

刘备自打借口去征讨袁术，从曹操的眼皮底下溜走，他就在京城安了眼线，随时打听曹操的动向。董承等人要除掉曹操，由于董承的家童告密，利用衙医吉平给曹操医治头风时在药中下毒的计划便告失败，吉平撞阶而死，董承、王子服等人的全家七百余口皆被曹操押赴各个城门问斩。就连董承的妹妹、献帝的妃子，已经有了五个月身孕的董贵妃也没能幸免，被曹操从宫中捉出杀了。刘备知道曹操会从衣带诏上看到自己的名字，断定他不会放过自己，特别是他到了徐州，又杀了曹操的心腹大将车胄，曹操能不对他恨之入骨？

刘备猜得没错，曹操这一回可是下了决心，一定要把他置于死地。

曹操发了五路兵马，二十万大军，直扑徐州。

刘备虽然知道曹操会来，但他得到了这一消息，还是有些吃惊，没想到曹操会这样兴师动众。他知道自己的那点兵力无法与曹操抗衡，赶忙派人向袁绍去求援。可是，袁绍说什么也不肯发兵。眼看曹操的兵马已离城不远，刘备一时急得六神无主。当时，刘备和张飞守在徐州和小沛，关羽带着刘备的家眷守在下邳。张飞看见刘备急得不知如何是好，一时倒想起了一个主意。他对刘备说："曹兵连日赶路，来到这里刚扎下营寨，人马必定劳累困乏，今夜我们领兵前去劫寨，一定会打他个措手不及，大获全胜。"

刘备知道张飞莽撞，性格粗鲁，除了打打杀杀，不会动什么心眼儿。劫寨本不是什么好主意，可是，眼下也想不出更好的招儿，不妨先试一试，说不定还有打胜的机会，总比坐等挨打要好。

当天夜里，刘备和张飞兵分两路，偃旗息鼓，悄悄地摸向曹营。

张飞率领轻骑首先从北边冲进曹营。

曹营里一座座帐篷里灯火通明，四周却不见守夜的人影，野地里十分安静，只有青蛙呱呱的叫声格外响亮，格外刺耳。此时，张飞再心粗也知道事情不妙，刚想勒马往回撤，却听一阵铜锣当当敲响，刹时火光四起、杀声一片。

原来，曹操已经料到刘备会在当晚前来劫寨，事先设了埋伏。等到张飞退出寨外，四下里已有八支军马挡住了去路。眼见无路可退，张飞只得舞动丈八蛇矛，催开坐骑，左冲右挡，想要杀出一条血路。怎奈，随他而来的人马大多是曹操的旧部，没等交战，都已扔了兵器投降。张飞单枪匹马，拼命杀出重围，想回小沛。但见小沛方向已全是曹操的人马，根本杀不过去。

过不去小沛，就回不了徐州，而去下邳更是无望。因为小沛在徐州西边，下邳在徐州东边，离徐州也有四十里之遥。

杀了一阵，张飞已是盔斜甲散，马已受伤。再拖延下去，曹兵越来越多，想冲出去也不可能了。张飞只好一阵哇哇大叫，鼓起精神，挺起丈八蛇矛拼命杀开一条血路，朝着后面的芒砀山落荒而逃。

就在张飞领兵攻入曹营北门的时候，刘备也领着一路人马，疾速摸进曹营的南门。谁知,还没到营门口,就听见一阵惊天动地的喊杀声,随即,冲出无数人马,蜂拥着扑过来。刘备心知不好,自己武艺不高,身边又没有能征的战将,肯定不是曹军的对手,连忙下令回撤。等到脱离开曹军的追赶,回身一看,跟在身边的兵丁已不足三十人。刘备打算赶紧返回小沛。没走多远,就见小沛城中已是火光冲天,知道曹军已夺了城池。

小沛既失,徐州就更难回去。眼见归路已断,刘备只得带着几个亲随的士卒,找到一条通往青州的小路,投奔袁绍去了。

刘备和张飞已经败走,曹操没有费力,当夜进占了小沛之后,又马不停蹄,直扑徐州。

徐州已经没有刘备的兵马守卫,曹操来到城下的时候,徐州的城门大敞四开,曹操垂手得到了徐州。

这正是:

中原逐鹿谁与敌?螳心雀意两相欺。
古往今来平常事,空留后人叹唏嘘。

第三回　孟德爱才收关羽　云长惜玉放貂蝉

徐州一府辖地方圆不过百里，府衙不是设在徐州，而是设在下邳。刘备让张飞和自己驻守在徐州和小沛，是为了便于招兵买马，扩充军队，囤积粮草。他让关羽守在下邳，代他办理府上的公务，还把自己的家眷也放在下邳，是因为他对关羽比较放心。

徐州和小沛已经失守，关羽知道自己势单力孤，不能和曹军硬拼，便紧闭城门，全力死守。

曹军很快来到了下邳，几支先到的兵马轮番到关前叫阵，城里什么动静都没有，只是曹兵一越过护城河，城上便齐刷刷立起无数面大旗，随即，滚木礌石、流矢箭镞便如飞而下，曹兵死伤不计其数。

曹操带领大队人马很快来到了阵前，下令立即停止进攻。

曹操的部下都很不解。张飞已跑，刘备已逃，徐州、小沛都已陷落，此时正该乘胜拿下下邳。

"我很喜爱关羽，不许伤他，只能叫他降我。"

曹操的一句话，叫众人大吃一惊。

谋士荀彧近前一步，拱手说道："关羽与张飞不同，他武艺高强，勇猛异常，刘备对他信任有加，今又把家眷托付给他，他必定会以死相守，决不会轻易投降。"

曹操摇摇头，高声说道："我了解关羽的为人，就因为他非同一般，我才要他降服于我，为我效力。"

谋士程昱走上前来，又要说话，曹操一摆手说："各位不要说了，列位都知道我爱才，关羽对于我来说，就是一个难得的人才！"

其实，曹操对关羽并没有多少了解。他和关羽只有一面之缘，但就这一次，给曹操留下了极为深刻的印象。

那还是董卓在朝当政的时候，曹操发诏联络了天下十八路诸侯，推举实力最强的渤海太守袁绍为盟主，共同去讨伐董卓。当时，刘备被北平太守公孙瓒任命为平原县令，公孙瓒一出兵，刘备便带着关羽和张飞跟着来了。正因为这次征讨董卓的行动是曹操发起的，所以，两军对阵时，曹操首先率领自己的人马出战，结果被董卓的爱将吕布打得大败而归。就在这时，董卓又派大将华雄带了大量援兵赶来。袁绍陆续遣了几员大将出马，交战没过几个回合，全被华雄斩于马下。这样一来，各路诸侯都吓得不敢派人出去交战。袁绍不由叹道："只可惜我的上将颜良、文丑没来，要是来了一个，华雄就不会如此猖狂！"就在这时，帐下挺出一人，高声说道："关某愿去斩了华雄之头，献于帐下！"众人听见此人说话的声音响如洪钟，不由得朝其望去，只见这人身材高大，卧蚕眉，丹凤眼，脸色如同深暗红色的枣子，穿着一身普通士卒的衣服。袁绍向左右问道："帐下的这个人是谁？"公孙瓒起身说道："此人乃是刘备的结义兄弟关羽。"袁绍又问："这人现居何职？"刘备忙说："二弟现跟着我当马弓手。"袁绍一听，立刻发怒道："一个小小的马弓手，竟敢口出狂言，欺负我们各路诸侯没有大将了？这种鼠辈，还不给我打了出去！"曹操见状，赶忙上前一步，说道："盟主且请息怒，此人既敢出此大言，必会有此勇猛，不妨叫其出马试一试,如其不能取胜,再将他打出去也不迟。"关羽这时单膝跪地,双手抱拳,大声说道:"我愿立下军令状,此去如不能斩了华雄首级,就请斩了我的头!"曹操很受感动,连忙叫人热了一杯酒,端给关羽,让他喝了。关羽说:"酒先放下,等我回来再喝。"说罢,提刀出帐,飞身上马。片刻之间,帐内的人就听见外面金鼓雷鸣,杀声震天。各个诸侯都面露惊色,曹操正要派人出去打探,却听一阵銮铃丁零零响过,一匹战马已飞驰到中军门前,关羽大步走进帐内,把华雄的首级掷于案前的地上。曹操大喜过望,连忙拿起桌上的酒杯递给关羽。这时,杯中酒还有余温。为此,有人写了一首《浣溪沙》:

领命提刀出帐门,鼓声喧作震中军。华雄斩了酒还温。

袁氏兄弟输孟德,起因当自此中论。焉从贵贱取能人?

除了这一次让曹操领略了关羽的高强武艺和大丈夫气概外,还有一件事让他更加了解了关羽的为人。

曹操在白门楼杀了吕布以后,把吕布的宠妾貂蝉也带回了京都。貂蝉的美貌让曹操也很动心,他有意把貂蝉留下,但转念一想,觉得貂蝉是个祸水。当初,王允为了除掉董卓,使用美人计,把貂蝉献给董卓做妾,然后又让她去勾引董卓的义子吕布,挑起他们之间的不和,最终董卓死在了吕布的方天画戟之下。曹操在攻打徐州的时候,吕布正是由于贪恋女色,舍不得离开貂蝉,放弃了出去求援的机会,落了个城破人亡的下场。

曹操不想把貂蝉留下,也不想把她杀死,他想了一个一箭双雕的主意,要把貂蝉给刘备。刘备是他放不下的一个心腹之患,要是刘备收留了貂蝉，就可能英雄气短，丧失了争霸天下的大志。如果刘备不留下貂蝉，就得把她杀了，这样就可以让刘备担上一个滥杀无辜的罪名。

曹操把貂蝉送给刘备以后，刘备进退两难。貂蝉的闭月羞花之貌，没有哪个男儿不为之动心！但刘备又知道曹操把貂蝉送给他是心怀叵测，有心想留也不能留，可是，他又实在不忍心杀死这样一个柔弱的女子。

看着刘备长吁短叹、愁眉紧锁的样子，关羽主动要求把貂蝉交给他。当着众人的面，他厉声说道："大哥不用犯难，曹操的图谋二弟全知，我去把她杀了就是了！"

当下，关羽把貂蝉挟到马上，提刀出城，扬鞭跑到一座山前，指着山上的庙宇说："红颜薄命，我不杀你，早晚别人也会杀你，你到山上去吧，那是你的最好归处。"

关羽从怀中拿出一包银子，交给貂蝉，看她一步一步走上山去，这才打马回城。

曹操始终派人监视着刘备的一举一动，很快就知道了关羽放跑了貂蝉，让她当了出家人。曹操不由得对着部下大声慨叹道："想不到，一个市井小民，竟是难求的军中骁将，人中丈夫，令人可叹、可敬、可交！"

岂不知，关羽虽然是一介武夫，自小也读过四书五经。他知道貂蝉不光貌美，更知晓大义，为救国难而献身之举，不是一般女子能够做得出的，他怎么能够下手杀她呢？

有诗为证：

一点樱桃启绛唇，两行碎玉嚼阳春。
丁香舌吐衡钢剑，要斩奸邪乱国臣。

第四回　关羽力孤守下邳　曹操势众困土山

曹操既然决定要收降关羽，几个谋士也就无话可说。大将张辽近前一步，大声说："我和关羽私交尚可，愿去说服于他。"

曹操摇了摇头说："此事鲁莽不得，关羽性情刚烈，又重义气，不会轻易被你说服。必须得想一个好主意，叫他进退无路，再去劝说他，才会有用。"

曹操的一番话，众人听了觉得很在理，就纷纷献计。当下，便商定了一个计策。

曹操派人在徐州小沛俘虏的士兵里找出了一些关羽原先的部卒，赏给了他们一些银两，让他们到下邳再去投奔关羽，埋伏在城里，伺机行事。这些兵士来到下邳城外叫门，守城的将官认得是徐州的旧卒，没有多问，就把他们放进了城里。

第二天，曹操派夏侯惇带领一队人马到下邳城外挑战。关羽知道徐州和下邳已经失守，自己兵微将寡，势单力孤，还守护着刘备的两个夫人，事关重大，不敢轻易出战，只叫部下死守。

夏侯惇叫阵半天，不见城里有什么动静，便叫士兵一边敲鼓吹号，一边使劲地喊叫：

关云长，没胆量，

听见鼓响尿裤裆，

关云长，是熊包，

见了曹兵掉大刀。

…………

关羽哪里受得了此番辱骂？一怒之下，提刀上马，带领一千人马，打开城门，放下吊桥，直奔夏侯惇。

夏侯惇和关羽战了几个回合，拨马就走。关羽一腔怒气还没有发泄出去，哪里肯放夏侯惇走去，打马就追。夏侯惇挡一阵退一阵，不知不觉已跑出二十余里，关羽回头一望，离城已远，突然醒悟过来，这是夏侯惇有意诱他离城，以便曹兵乘虚夺取下邳，便急忙勒马回头。哪想到，没走出多远，只听一声炮响，左右两边呼啦啦拥出无数曹兵，曹操的两员大将徐晃和许褚已立马挡在了路前。

关羽心中暗暗吃惊，后悔自己一时性起，中了曹操的诱敌之计。他怕下邳有失，奋力领兵夺路。岂料曹军两边早已布下伏兵，射来的弓箭如飞蝗扑来。关羽冲不出去，只得引军迎着徐晃和许褚再战。关羽好不容易杀退了二人，朝下邳没有走出多远，夏侯惇又领着一队人马截住了去路。关羽左冲右杀，怎奈曹兵势重，眼看天晚，还是突不出重围，只得退到一座土山上，让士兵守住山头，暂且歇息一下。

天黑以后，曹操派去诈降的兵卒偷偷打开了城门，曹操领着大军进了下邳，叫人点起火堆。关羽看见下邳城中火起，心中大惊，连忙领兵下山。不想，冲了几次，都被曹兵的乱箭射回。

天色放亮，关羽整顿兵马，正欲再次下山，只见一人骑马跑来。

关羽搭眼一看，却是张辽。关羽横刀在手，厉声说道："文远兄，你也是前来与我交战的吗？"

张辽跳下马来，拱手说道："我是想念咱们之间的旧情，特意前来看你。"

原来，张辽本是吕布手下的一员大将。当初，吕布投奔刘备，被安置在小沛暂住。没承想，吕布却乘刘备出兵抵御北方进犯的时候，乘机夺取了徐州。刘备的家眷都在城里。按照习惯，俘获的女人一般都是当作战利品分给部下。吕布就想把刘备的两个夫人赏给有功的将士，张辽听了立刻阻止道："刘备好意收留了咱们，咱们却乘虚夺取了徐州，这已属不义，再要把刘备的家眷这样处置了，岂不是更为不仁，遭天下人耻笑？"吕布听张辽说得在理，就依了张辽的主意，派人好好地安置了刘备的家眷。关羽知道了这件事情，认为张辽这人很仗义，心里就对他有了几分好感。后来，曹操和刘备破了徐州，吕布和张辽都被俘虏。吕布在白门楼上怕死求饶，这时张辽大声喝道："吕布小儿，大丈夫顶天立地，死有何惧？"曹操喝令把吕布推出缢死，提剑走到张辽的面前，用剑尖指着他的脸说："我认识你，当初讨伐董卓之时，在濮阳差一点被你用火烧死，今天我要亲手杀了你！"张辽圆睁二目，冷笑一声，趋前一步，扬头挺胸，以颈抵剑。这时，刘备急忙拉住了曹操的手说："值此用人之际，这样的人不能杀！"关羽向前一步，单膝跪在曹操面前，大声说道："关某素知文远忠义，我愿以性命保他！"曹操扔了手中的宝剑，哈哈地笑着说："我早就知道文远是个忠义之士，特意和他开个玩笑。"说完，亲自给张辽松绑，请其上座。张辽归顺了曹操，被拜为中郎将。

这会儿，张辽来到阵前，关羽知道他一定是另有所图，就说道："两军交战之际，不是你死就是我亡，怎有闲情叙旧？"

张辽说："当初你曾舍着性命为我担保，今日我也是舍着性命来救你！"

关羽说："这么说你是来帮我的？"

张辽说："我是来告诉你，徐州和小沛已经失守，玄德和翼德下落不明，生死不知。昨天夜里，曹公已破了下邳，城中百姓不曾受到伤害，玄德的家眷也受到了保护，不许骚扰。我特意来告知，云长兄不必挂念。"

自有汉字以来，汉族人习惯在姓名之外加一别名为字。曹操的字为孟德，刘备的字为玄德，关羽的字为云长，张飞的字为翼德，张辽的字为文远，袁绍的字为本初。

关羽站起身，生气地说道："你告诉我这些有什么用？如今我被困于此，不过战死而已。你赶快走吧，我这就下山去交战！"

张辽大笑道："兄长这样说，不是要被天下人笑话吗？"

关羽说："我为尽忠尽义而死，谁会笑话我？"

张辽说："你现在死了，会留下三条罪名。"

关羽一声冷笑，说道："你说说，我死了了会有哪三条罪名？"

张辽说："当初，你和玄德、翼德桃园结义之时，许下同生共死之誓。如今，玄德刚败，你就战死。倘若明日玄德重整旗鼓，想要你帮助，你却不在了，这不是违背了当初的誓约？实为不义，这是头一罪。"

"你说其二呢？"

"玄德把家眷托付给你，你却先死了，这样，二位夫人无了依靠，你岂不是辜负了大哥的重托？这样不仁之举，就是二罪。"

"你说第三呢？"

"云长兄武艺超群，又通经史，正该为匡扶汉室赴汤蹈火，你这样死了,不过是匹夫之勇,不能为朝廷效力,这不是不忠吗?"张辽近前一步,抓住关羽的马缰,抖了抖说,"这就是云长兄不忠不仁不义的三罪,小弟不能不告诉你呀!"

"依你所说,我该怎么办呢?"

"眼下曹兵四面围困,云长兄如不投降,就得战死,实是徒劳无益,依我之言,不如先降了曹公。"

关羽一听,连忙摆手说道:"这不行,这不行,我关某堂堂男子汉大丈夫,怎能怕死求生呢?"

张辽微微一笑,说道:"你先别急,听我说,你暂时先降了曹公,日后慢慢打听玄德的消息,等你知道了他的下落,你再去投他。这样,一可以保护二位嫂夫人,二可以不背盟誓之约,三可以留住有用之身。如此三便,有何不好?"

关羽沉吟片刻,说道:"听你所言,也有道理,但我也有个三约。如果丞相能够应允,我立即卸甲归顺,如要不允,我宁愿背负三罪战死。"

张辽一听,急忙说道:"曹丞相宽宏大量,没有不应允的,你说吧,我听听!"

关羽郑重地说道:"第一,我和刘皇叔有誓在先,要共扶汉室,我今天是只降汉室不降曹操;第二,我二位嫂夫人还要享受皇叔的俸禄,不论什么人都不许上门打扰;第三,我要是知道了刘皇叔的去向,不管什么时候,不论多远,我都要立刻辞去。我这三条,要有一条不同意,我都不会投降。"

关羽口中所说刘皇叔就是刘备。刘备的祖上本是中山靖王,中山靖王是孝景皇帝的第七子,到了刘备的父亲那一辈,仕途不顺,家业败落,等到刘备出生后就只能靠着和母亲编织炕席和草鞋度日。但是,论起出身辈分，刘备却是当朝献帝的叔叔，就为这个，在官场上人们都尊称刘备为皇叔。当初，刘备和关羽、张飞在桃园结拜为弟兄的时候，按年龄，关羽为长，刘备为二，张飞最小。但是就因为刘备有个这样的出身，关、张二人才把刘备奉为老大，不叫他大哥，而叫他皇叔，也正是为了显露这个身份。

这正是：

　　三罪三便理滔滔，堪比三约义更高。
　　千古敬拜关帝庙，只缘降汉不降曹。

第五回　说利害张辽劝降　论得失关羽归曹

张辽回到曹营，见了曹操，把和关羽见面的经过说了一遍，曹操不由得喜上眉头，忙说道："这么说，云长他是愿意降我了？"

张辽说："云长他降倒是愿意降，不过，他有三约在先。"

曹操说："只要他愿意降我，别说三约，就是十约我也答应他！"

张辽说："只怕他这三约有些苛刻，丞相难以接受。"

曹操捋捋下颏，一声冷笑，说道："谁人不知我曹某一向宽宏大度，你把他的三约一一说出来，我听听！"

张辽说："云长他提出来的第一约是降汉不降曹。"

曹操一听，就笑了：我是汉相，当朝的事情都是我说了算，降汉即降我，这一约提与不提都一样，你说第二约吧！"

张辽说："刘玄德的二位夫人要按照皇叔的身份发给俸禄，闲杂人员不得进入二位夫人的住地。"

曹操点点头说："这一约他不提我也会想到的，二位夫人的俸禄我会加倍发给，至于保护二位夫人的安宁，这在情理之中，谁敢违犯，家法难容，这一点不用多虑。"

张辽迟疑了一下，说："这第三约嘛……"

"你吞吞吐吐的干什么？"曹操有点着急地催促道，"这第三约是什么？"

"关云长的第三约就是：不管什么时候，不管离多远，只要他知道了刘玄德的信息，他马上就要离去……"

"这不行，这不行！"还没等张辽的话说完，曹操就摆着手打断了他的话，"照他这么说，他知道了刘玄德的信就走，我留他还有何用？养他不是白养了吗？"

张辽沉吟片刻，走到曹操跟前，慢慢说道："丞相，您还记得豫让的众人和国士之说吗？关云长和刘玄德不过是结拜之交，刘玄德把他当作兄弟来对待，若是您能给他比刘玄德更厚的恩德，时间长了，他就会从心里感激您，到那时，他能不听从您的吗？"

张辽说的豫让，曹操当然知道。豫让是战国时晋国的一个武士，他走了很多地方，投靠了很多官府，都被当作一个普通的门客，得不到重用。后来，他投在智伯的门下，智伯非常看重他，把他当作栋梁之材来对待。智伯被人暗杀以后，他的门客都四散而去，唯有豫让一心要为他报仇。豫让为了能够接近智伯的仇人，不惜"漆身吞炭"。豫让说：谁把我当众人来对待，我就用众人的态度来对待他，谁把我当作国士来对待，我就用国士的才干来报答他。豫让说的众人就是普通人，国士就是国家的栋梁之材。

曹操倒背着手，转了几个圈，对张辽说："你说得很有道理，你去告诉云长，他所提三约，我全应允。"

张辽骑马来到土山，见了关羽，告诉他，曹操同意了他的三个条件。关羽略一沉思，说道："既然他答应了我的条件，那就请丞相把兵撤了，让我入城见了二位嫂夫人，告诉她们这件事，然后投降。"

张辽回来见了曹操，把关羽的要求一说，曹操立即下令，让军兵后撤三十里。荀彧听了，连忙拦阻道："丞相，关羽让我们撤兵，会不会其中有诈？"

曹操笑道："云长这人一向讲义气，不会失信。"

曹操撤了兵马。关羽整军下山，进了下邳，看到民舍店铺都平安无事，一颗悬着的心才放下来。他加鞭打马，直奔二位嫂夫人的住地。一入府门，甘夫人和糜夫人已经闻声迎了出来。

关羽拜伏于阶下，连声说道："是小弟之过，让二位嫂嫂受惊！"

甘夫人慌忙说道："叔叔快起来，不要这样。"

糜夫人走过来，着急地问道："叔叔，你快告诉我，皇叔那儿怎么样？"

女人的丈夫的弟弟，俗称小叔子。古代的女人和小叔子说话，不叫小叔子的名，都叫叔叔。

关羽轻轻摇摇头说："徐州和小沛都已失守，皇叔去了哪里我也不知道。"

二位夫人听了，有些惊慌地说道："二叔，那你打算怎么办？"

关羽说："小弟本欲出城和曹军拼死一战，怎奈曹军势重，我被困于土山。张辽前来劝我投降，我提了三个条件，曹操都答应了，但我不敢自作主张，这才回来，征求二位嫂嫂的意见。"

甘夫人说："你都提了哪三条？"

关羽把三约的内容详细地说了一遍，甘夫人听了，轻轻地叹了一口气说："昨天曹兵入城，我以为必死无疑，哪想到没有一兵一卒前来打扰。二叔既然已经答应，你做主便是。只是日后打听到皇叔的下落，曹操不放咱们走怎么办？"

关羽拱手说道："嫂嫂放心，我自有主意。到时候肯定能走得了！"

糜夫人说:"二叔这样说,往后,什么事你做主就是了,不必再来问我们了。"

关羽辞别了二位嫂夫人,带了十几个人,骑马来到曹营。曹操亲自出了辕门迎接。关羽下马,叩首拜见:"败军之将,深谢丞相不杀之恩!"

曹操上前一步,拉住关羽的手,大声说道:"我早仰慕云长,今日幸得相见,真是了却了我一生的心愿!"

关羽起身,郑重其事地说道:"文远兄代我向丞相转告的三件事,丞相不会说了不算吧?"

曹操哈哈一笑,说道:"我曹某一向言出必行,说话算话。你就放心吧,玄德他若还活着,我一定让你走!"

当日,曹操大摆宴席,招待关羽,次日,班师回朝。

这正是:

千军易得将难求,凤愿已偿不言仇。

安知鲲鹏虽缚翅,飞出曹营还姓刘。

第六回　丞相实心敬义士　小姐真情慕英雄

夜已经深了，半圆的月亮挂在飘浮着青纱般的云朵的苍穹，泼洒下一片皎洁的银辉，万籁俱寂。

一阵琴声从一个大宅院里飞出，在这寂静的夜晚显得格外响亮、格外悦耳。

琴声是曹操弹出来的，他今晚的心情特别好。

已经很长时间了，曹操一直为打仗的事忙碌着，烦心的事也一件接着一件，从没有让他静下心来，弹拨一下他心爱的凤羽古筝。

曹操出征在外，总要随身携带两样东西，一样是书，另一样就是这把凤羽古筝。这把古筝已经陪伴了他十多年。

还是曹操在少年求学的时候，他有幸去拜见乔玄。乔玄曾当过太守、太尉，一向刚毅果断、廉洁自律，被称为名臣。乔玄和曹操接触一段时间后，发觉曹操虽然其貌不扬，但却心胸不凡，认为他是在乱世之时唯一能够安定天下的人。乔玄除了把自己的妻儿老小托付给他以外，还送给了他这把古筝。乔玄年轻时曾去过无数名山古刹，寻师访道，遇到一个高僧。那高僧很赏识乔玄，就把自己亲手做的这把凤羽古筝送给了他。那高僧告诉乔玄：琴音乃心音，愁闷时操之能排郁解气，舒畅时操之能抒怀尽兴。乔玄把这话也告诉了曹操，但曹操一直很少操弄这把琴。

曹操真的很少有这样的好心情,他弹得很专注、很投入,他的女儿月娥来到身边,听了很长时间他都不知道。

这是曹操回师京城的第一天,大队人马走出了百余里,来到一个名叫邺城的小县,天色就已晚了。县城里不过千余人家,安置不下这些人马,曹操就叫部队在城外扎营,自己仅带着家眷和关羽及随行人员进城,找了一处带着院套的宅子住下。这套宅子分为前后两进,前进为一个标准的三合院,一正两厢,正房安置下自己的家属,东西两个厢房分给用人和护兵居住;后进则是一所独立的三间没有隔断的空房,大概是原先的房主人子女读书的地方,曹操就让关羽和他的随行人员住下。曹操这样做,一方面是显示自己对关羽的重视,另一方面是由于对关羽不放心。

此刻,曹操实在是按捺不住自己的兴奋心情,这种兴奋更多的是得意。

曹操已经四十多岁了。虽然他在年少时,也曾飞鹰走狗、放荡不羁,但他却别有心志,总认为自己将来能干一番大事业,特别是听了乔玄对他的赞赏之后,他要出人头地的欲望就更加强烈,也更加坚定。二十多年里,他东征西讨,把一个个敢于和他抗衡的对手歼除,到了今天的这个地步,他想得到的已经都得到了,想做到的也都做到了,就连皇上老儿他也可以不放在眼里。相传他在一首写给自己的诗里,把自己的心态写得非常逼真、淋漓尽致:

一生行事甚猖狂,意在兼天日月忙。
百世流芳浑未得,万年遗臭又何妨?

古筝的声音欢快、炽烈，让人一听，就知道弹奏者的心情特别兴奋。

"爹爹！"月娥轻轻地叫了一声。曹操没有听见，依旧沉浸在自己的琴声里。

"爹爹！"这回，月娥一边叫，一边摇了一下曹操的肩膀。

"哦？"曹操回头见是女儿月娥，放下古筝，说道，"你怎么来了？"

"我从琴声里知道爹爹的心情很好，就想来看看，爹爹今天为什么这么高兴？"

"呵呵——"曹操站起身，轻轻地拂了一下女儿的额头，"你想知道爹爹今天为什么高兴？"

月娥嫣然一笑，说："是不是今天爹爹又打了胜仗？"

曹操摇摇头："胜败乃兵家常事，爹爹已经打过无数的胜仗，你见过爹爹如此高兴过吗？"

"那么，还有什么能比打了胜仗更让爹爹高兴呢？"

曹操哈哈一笑，故意拉长了声音说道："我今天收降了一个人——"

月娥说："我知道，就是那个刮骨疗毒的关羽。"

曹操有些得意地说："不然，爹爹能够这样高兴吗？"

"爹爹，你收降了那么多能征善战的勇将，从没见你这么高兴啊？"

"哦，他们怎么能和关羽相比呢！"曹操倒背着一只手，在原地转了两个圈，然后面对着女儿，郑重其事地说道，"当今天下，群雄并起，但是，我看那些人不过是酒囊饭袋，谁也成不了大器。我最担心的就是刘备，他这个人胸怀大略，藏而不露，是我的心腹之患。而能够辅佐他征讨天下的，就是他的这个义弟关羽。如今，刘备已经被我打跑，他最可以依仗的人又归降了我，从此，我就没有什么担忧的了。你说，我怎么会不高兴呢？"

月娥说:"听爹爹这样说,我很想见见关羽,看他长什么样!"

曹操说:"从今往后,关羽天天都在我身边,你看见的机会有的是。"

月娥说:"我听说关羽他今晚就住在咱们后院,我这就想看看去!"

曹操说:"这都深更半夜了,怕是他们都已睡下了,明天再说吧。"

月娥固执地说:"爹爹,你就领我看一眼吧!"

曹操在自己的子女中,最宠爱的就是小女月娥,这孩子聪慧、乖巧,既有女孩子娇柔温顺的性格,又有男孩子豪爽洒脱的胆量。曹操想了想说:"好吧,我就领你去看看!"

其实,就是女儿不说,曹操也想过去看看,他明知道后院房间狭小,一半住着关羽的家人,一半住着关羽的二位嫂夫人,那么,关羽会住在哪儿呢?

曹操这样安排,到底是有意还是无意?没有人知道。

拐过房山的角门,一踏上通往后屋的甬道,曹操和曹月娥都看见了,后屋的人都睡下了,唯独中间的房门大敞着,只见关羽身穿战袍,正一手秉烛,一手持书,端坐在椅子上,微风摇曳着烛光,胸前那尺把长的髯须在轻轻飘动,恰如一尊铜雕的塑像。

这正是:

一宅分居为哪般?秉烛夜读势不凡。

月羞星怯了无影,空留心机作笑谈。

第七回　他乡避祸改名姓　桃园聚义结死生

关羽的心情很烦乱。他虽然拿着书，但却看不下去。

这一天的变化实在令人难以接受！昨天，他还是刘备的义弟，在为刘备拼命厮杀；今天却成了曹操的降将，要为刘备的对手去效力，无论怎么说，他的心里都不是滋味。曹操把他安排在这个地方住下，他并没有多想，行军打仗嘛，哪有那么方便的条件，住得紧巴点也无所谓。但是，等他安排完家人和二位嫂嫂的住处后，他有点犯难了。

一幢空房，中间用书架隔开，西边住下家人，东边住下二位嫂嫂，他住在哪儿呢？他不能和家人住在一起，那样，他会很掉价；但他又不能和二位嫂嫂住在一起，那样，就会失了体统。

关羽想到了读书，这是一个无奈之举，也是一个两全之举，既解决了住的难处，又可以守夜。关羽的这一举动，让二位嫂嫂看在眼里，心里很是过意不去。甘夫人走过来，轻声说："二叔，我已在屋里的书案上铺好了行李，你过来睡吧！"

关羽起身，对着甘夫人躬身一拜说："谢谢嫂嫂，我已多日不曾看书，难得有此机会。"

"二叔已操劳一天了，不歇息怎能行？"

"没关系，我的身体这样强壮，别说一宿不睡，就是三天三宿也无妨！"

甘夫人轻轻地叹息了一声，说："二叔的心思我知道，皇叔已下落不明，从今往后，我们就全托付给你了，哪里还有那些说道？"

关羽慌忙说道："嫂嫂千万不要担心，皇叔一定不会有事的，我不睡，是怕有人前来搅扰。嫂嫂请去安歇吧！"

甘夫人没再说话，泪水却已流出。这时候糜夫人拿着一件披风走了过来："二叔，夜晚天凉，披上吧！"

关羽拱手说道："二位嫂嫂，不用挂念，我穿着征衣，不会着凉，请回去歇息吧。"

二位夫人走了，关羽坐下来，心里却再也平静不下来，往事一幕幕浮现在眼前……

关羽原本并不姓关，他姓冯名贤字寿长，家境很富裕，从小也读过诗书，他的脸也很白净。十七岁时，他已长得高大威武、仪表堂堂，家里已经给他定了亲，年底就要成婚。不料，这一年发生在身边的一件事彻底改变了他的命运。

关羽老家所在的蒲州来了一个新任太守，名叫熊虎，他的儿子熊祥无恶不作，看到关羽的邻居老张家的女儿张鸾姣长得美貌，就带着一帮打手闯进张家，硬把张鸾姣抢走了。张鸾姣的老父张成到县衙去告状，却被县令苗信指使衙役一顿乱棒打了出来。张成走投无路，正要跳河自尽，恰被关羽赶上。关羽问明情由，决定代其申冤，领着张成重新来到县衙。关羽要求苗信秉公办案，判令熊祥放回张鸾姣。苗信为了讨好熊祥，说关羽诬陷栽赃，身带凶器私闯公堂，把他关进牢房。这天夜里，关羽破了牢门，来到县衙，正看见苗信陪着熊祥一边喝酒，一边表功。关羽一怒之下，杀了二人，又潜入熊家，放了一把大火，趁乱救出了张鸾姣。太守熊虎带人紧追不舍，无奈之下，他又把熊虎杀死，连夜逃出了蒲州，从此亡命江湖。逃亡途中，他看见城关各处都张贴着抓捕他的榜文和画像，沿路都有差役在盘查和搜捕。有一天，他为了躲避官府的追赶，跑到郊外的一个瓷窑。画瓷的是一个女娘，听他一说，很是同情，就配了一盆红色的涂料，给他抹在脸上。哪知，过后，无论他怎么洗，涂料再也洗不掉，而且颜色日益加重，从那以后，他的脸就成了紫红色。还有一回，他路过长云关，在关门前被守门的人拦住，盘问他的名字，他情急之下，随手指了一下关门说姓关，看那关名是长云，他就倒着报了一个名字云长。从此，冯寿长就变成了关云长。

有一天，关羽来到涿州，在一个店铺前，他被一阵粗犷洪亮的吆喝声吸引住了。吆喝的人是一个小伙子，长得膀大腰圆，赤黑的脸上长满钢须，那双瞪得如牛铃般的眼里射出的寒光咄咄逼人。那小伙子是在卖猪肉，他吆喝得很特别："快来买肉啊，谁能搬动我的秤砣，买肉不要钱！"

店铺前，围着看热闹的人很多。关羽拨开人群走过去，只见店铺前支着一张卖肉的大案子，案子上放着半扇猪肉，还放着一个斗大的铁秤砣，看上去足有五六百斤重。关羽忍不住好奇，凑到卖肉的小伙子跟前，问道："要是我搬起这个秤砣，你给我多少肉？"

卖肉的小伙子用刀把猪肉一劈为二："你要能搬得动，这一半都归你！"

"我要是用一只手提起呢？"

"给你一头猪！"

"那我要是用一个手指提起呢？"

卖肉的小伙子乜斜了关羽一眼，指着店铺说："你要是能用一个手指提起来，我就把店铺送给你！"

"此话当真？"关羽追问道。卖肉的小伙子一拍胸脯，指着众人说："我张飞吐个吐沫都是钉，大伙儿给我做证！"

"好！"关羽紧紧腰带，上前一步，用右手中指钩住铁秤砣环梁，全身一用力，大喝一声："起！"便把那铁秤砣提离了肉案。就在他转身之际，那铁秤砣已坠断环梁砸在地上，砸出一个半尺深坑。

围观的人一齐拍手叫好。关羽指着案子上的猪肉说："这肉店已归我所有，列位就把这肉拿去分了吧！"

张飞一听就急了，连连挥着手说："不行，不行，他说了不算！"

关羽说："你想打赖？"

张飞说："你没把秤砣提起来放到地上，不能算！你得重新提起来。"

关羽说："它的环梁已断，你叫我还怎么提？"

"那我不管，你提不起来，就不算数。"

"你耍无赖……"

两个人争吵起来，就要动起手来，这时，走过来一个人，拦住了俩人。这人长得方面大耳，头戴英雄巾，相貌不俗。这人说道："我看二位相貌出众，一定不是凡人，不必把此玩笑话当真！"

张飞说："就是嘛，我跟他开个玩笑，他还拿着棒槌当了针！"接着，他又对围观的众人说："今天的肉不卖了，白送给你们了！"

张飞把俩人让进屋里，掭上茶，自报家门说："我姓张名飞字翼德，算是本地大户，祖上也是识文断字的，到我这一辈，就喜欢舞刀弄枪，广交朋友，没什么可干的，就干起了屠猪卖肉这一行。"

关羽说："我姓关名羽字云长，家住蒲州，只因路见不平，杀了恶人，摊了官司，流落到此。"

劝架的那人说："我姓刘名备字玄德，本是汉室宗亲，因见官府发了榜文，为除黄巾倡乱，招募义兵，我正准备去应招。看二位这等勇武，何不随我一同去为朝廷效力，建功创业？"

张飞说："给什么朝廷效力？我看，要干还不如自己干！"

刘备叹道："自己干倒是好，可我已是家境窘迫，有心无力。"

张飞说："这好办，我倒有些家财，可以拿去招兵买马，再说，我在乡下还有三百乡丁呢。走，我这就领你们去看看！"

张飞领着刘备和关羽来到乡下的老家桃园，他忽然想到了一个主意："既然咱们三个已经决定要共建大业，何不按照我们乡下的规矩，结拜为异姓兄弟呢？"

关羽说："太好了，我也有此意。"

刘备说："三人一条心，黄土变成金。从今往后，咱们就要同生共死。"

张飞说："树无头不长，鸟无头不飞，那咱们得选个老大。"

刘备说："咱们哥仨，谁的年龄大谁就当大哥。"

三人中关羽最年长。关羽说："我不是当大哥的料，你们当吧！"

张飞说："你要不当就我当！"

刘备说："就数你的年龄小，你怎么能当大哥呢？"

张飞说："那咱们就比比谁有本事！"

关羽说："比什么？"

张飞挠挠脑袋，指着门前的一棵大树说："咱们就比爬树吧，看谁爬得高！"

张飞说完，跑到树下，很快就爬到了树顶上。关羽爬到树中间，就停住了,刘备走到树根下,把身子靠在了大树上,一步也没有往上爬。

张飞得意地喊道:"我赢了,我是大哥了!"

刘备说:"我问你,大树是先有树根还是先有树梢?"

关羽说:"咱们谁也别争了,还是玄德有主见,就让他当大哥吧!"

张飞跳下树,爽快地说:"中,咱们就在桃园里摆案盟誓!"

张飞叫人摆了香案,杀了乌牛祭地,宰了白马祭天,三人跪拜发誓:虽然不是同姓,既然结为兄弟,就要同心协力,救困扶危,上报国家朝廷,下安黎民百姓,不求同年同月同日生,只愿同年同月同日死,忘恩背义,天地不容……

远处,传来了一声声雄鸡的啼鸣,天就要亮了。关羽从回忆中清醒过来,站起身,刚要活动活动筋骨,却听身后有人轻轻地叹息一声,说道:"叔叔,你一宿没睡,真是辛苦了!"

关羽回身一看,见是二位嫂嫂,不知她们已在这里站了多久。

关羽躬身说道:"二位嫂嫂辛苦了!"

甘夫人和糜夫人同时惊愕地说道:"叔叔,你的胡须……"

关羽低头一看,发觉自己的胡须昨天还只有半尺多长,竟然在一宿之间垂到了胸前。

这正是:

抽刀断水水更流,子胥一宿白了头。

云长美髯缘何来,细数根根皆言愁。

第八回　月娥操琴吐心曲　丞相赋诗抒豪情

这是京都曹操的府上。一个偌大的宅院，檐梁错落，屋脊高耸，威严而幽深。

在迎着府门的大厅里，曹操正在大摆宴席，款待部下。曹操自打回到京都后，就是三日一小宴，五日一大宴，已经连续一月有余。

曹月娥在自己的闺房里，听着从前院里飘过来的喝酒划拳的喧闹声，心里总是无法安静。她清楚地知道，爹爹宴请部下，其实就是为了一个人——关羽。

从徐州回来，曹操就带上了关羽，上朝去见献帝。临去之前，张辽看见关羽的胡须太长，就嘱咐他修剪一下，免得皇上怪罪他不敬。关羽说："我这胡须是因为皇叔而长的，不见了皇叔我是不会剪掉的。"这话让曹操听到了，他心里很不是滋味，既有不悦，也有感慨。不怪人说关羽乃天下忠义之士，就连这点小事都会想到结义的刘备，若是我的部下对我都能这样，我还何愁大业不竟？

想不到的是，没有正事的皇上见关羽气宇轩昂、仪表堂堂，就有了几分喜爱，又见他胸前的胡须飘飘飒飒，不禁脱口而出："真是一个美髯公！"曹操一听，赶忙拉住关羽跪下谢恩。从此，关羽就得了这么一个御赐的美名。

曹操又在皇帝的面前，夸奖了关羽一番，请求皇上封赏关羽为偏将军。既然曹操这样说了，做不了主的皇上哪有不同意的？

关羽的到来，让曹月娥的心理发生了微妙的变化，一个人的影子总在她的脑海里浮动。这个人就是关羽。

曹月娥已经跟随军营很多年，早就听说过关羽刮骨疗毒的故事，当时她就对关羽产生了敬佩，关羽给她留下了一个男子汉的印象。后来，她又听到了很多关羽英勇善战的传说，直到那一晚，她亲眼看见关羽秉烛夜读的样子，她的心就像一湖静水投进了石块，荡起了层层的涟漪。十七岁的女孩子第一次有了心事。

不知是什么时候，曹月娥有了自己心中的憧憬。她不喜欢那些清高自负、工于心计、精于谋算的文人儒士。她也不想自己像姐姐那样，被爹爹当作饲饵，嫁给一个自己不喜欢的人。

曹月娥的姐姐曹月娇和自己长得一样婀娜慧美，自小就喜读诗文、擅长女红。也就在姐姐十七岁那年，曹操看中了一个文人，名叫丁不疑，这个人家里很穷，又长得其貌不扬，一只脚有点瘸，一只眼还有玻璃花。曹操不知怎的，听说这人很有才，就想让他给自己当谋士，派人去请了好几回都没请来，曹操不死心，最后用把女儿月娇嫁给他这一招儿，把丁不疑拉到了自己的身边。没想到，丁不疑这小子桀骜不驯、有名无实，还不把老丈人放在眼里，时常言语不恭。曹操一怒就把他杀了，女儿月娇至今还空守闺房。

曹月娥很了解自己的父亲，父亲是什么事情都能做得出来的，虽然父亲很喜欢她，也很宠爱她，但她知道，她也只不过是父亲手中的一枚棋子，他为了自己的利益，随时都会把她抛出去。她无法掌握自己的命运。

曹月娥的心里很烦乱，很郁闷，一种说不出的忧虑让她坐卧不宁，她从书箧里取出自己那把心爱的九弦箜篌，按捺住自己纷乱的思绪，一边轻轻地弹拨，一边轻轻地唱道：

摽有梅，其实七兮。
求我庶士，迨其吉兮！

摽有梅，其实三兮。
求我庶士，迨其今兮。

摽有梅，倾筐塈之。
求我庶士，迨其谓之。

曹月娥的泪水已经顺着脸颊缓缓地流下来，滴落在箜篌上。

"女儿，你这是怎么了？"

曹操来到了女儿身后。

曹月娥没发觉爹爹是什么时候进来的，有些慌乱地站起身，一边擦着脸，一边怯怯地说："我的眼睛迷了灰尘。"

曹操在女儿的肩上爱抚地拍了一下说："有什么心事，告诉爹爹。"

曹月娥羞怯地摇了摇头。

曹操爽朗一笑，大声说："女儿，不要沉溺于儿女情长，你看前边大厅多么热闹！你随爹爹去看看吧！"

曹月娥有些矜持。

"不必难为情，都是你的叔叔大爷，去看看他们是多么高兴吧，你就不会烦恼了！"

曹操这人，虽是世家出身，与众不同的是他并不拘泥于小节礼数，从不把女儿们深藏在闺房绣楼里。

曹操领着女儿来到大厅，立刻，所有人的目光都集中在了曹月娥的身上。

曹操端起一杯酒，高高一举："各位谋士，各位将军，今天大家都很尽兴，我特意让小女前来助兴，给大家演奏一曲！"

满屋的人一片欢呼。

曹月娥落落大方地走到案桌前，放平箜篌，下意识地四下扫了一眼，她想看到自己想看的那个人，仓促之间，她并没有看到，心中不免涌出一丝失意，但她转念一想，又感到一丝欣慰，因为那个人肯定会听到她的弹奏。

琴声响起，曹月娥唱道：

呦呦鹿鸣，食野之苹。

我有嘉宾，鼓瑟吹笙。

吹笙鼓簧，承筐是将。

人之好我，示我周行。

呦呦鹿鸣，食野之蒿。

我有嘉宾，德音孔昭。

视民不恌，君子是则是效。

我有旨酒，嘉宾式燕以敖。

呦呦鹿鸣，食野之芩。

我有嘉宾，鼓瑟鼓琴。

鼓瑟鼓琴，和乐且湛。

我有旨酒，以燕乐嘉宾之心。

曹月娥的弹奏刚一停止，众人合掌齐声喝彩。曹操乘兴对众人说道："人生几何，对酒当歌，大家今天这样高兴，我就让小女伴奏，你们来唱，我来和，怎么样？"

"好——"

于是，一首助酒歌唱起来：

众谋士唱道：

对酒当歌，人生几何？

譬如朝露，去日苦多。

慨当以慷，忧思难忘。

何以解忧，惟有杜康。

曹操和曰：

青青子衿，悠悠我心。

但为君故，沉吟至今。

呦呦鹿鸣，食野之苹。

我有嘉宾，鼓瑟吹笙。

众人又唱道：

> 明明如月，何时可掇？
> 忧从中来，不可断绝。
> 越陌度阡，枉用相存。
> 契阔谈䜩，心念旧恩。

曹操又和道：

> 月明星稀，乌鹊南飞。
> 绕树三匝，何枝可依。
> 山不厌高，海不厌深。
> 周公吐哺，天下归心。

琴音一住，满屋已是唏嘘不止。

曹月娥终于从人群中看到了那张想要看到的面孔。那张本来就红得很深的面孔，此刻因为酒力，就像一束火苗，在她的心里熊熊燃烧起来……

第九回　入关宅月娥更名　留义士曹操弄婚

曹操这几天心情很不舒畅。

自打回到许都,曹操让关羽仍旧住在刘备原来的府第,派人重新进行了修缮,又送去了一些银两和锦缎。看到关羽在参加宴会时穿的外袍已经很旧,他特意让工匠用最好的衣料给关羽做了一件。为了照顾关羽和刘备的二位夫人,他又在自己的府里挑选了六个伶俐漂亮的使女送过去。他这样做,没有得到关羽的什么感谢,却招来了他的部下的议论,特别是当他把赤兔马送给了关羽之后,有些跟了他多年的老将更是相当不满。那匹赤兔马原是吕布的坐骑,跑得非常快,当时有"人中吕布,马中赤兔"的说法。吕布被杀以后,赤兔马就被曹操闲置于圈里。大将军蔡阳早就对它有意,没想到,曹操这么轻易地就给了关羽。蔡阳憋了一肚子的火,和几个私交比较好的武将在一起喝酒,借着酒劲儿大骂:"关云长不就是一个降将吗,算个什么东西?丞相凭什么对他那样好?和我们比,他有何德何能?"

曹操当然听到了这些牢骚话,也看出了一些人的不满情绪,但是,他却不能责怪这些部下,因为他知道自己确实对关羽有些偏爱。他感到郁闷的是自己这样对待关羽,却没有得到什么回报。

曹操派人把张辽找来,对他说:"你到云长那儿去一趟,问问他,我封他官,赏他金银,给他美女,他对我一点也不表示感谢,反倒在我给了他赤兔马时,他却给我下跪谢恩,这是为什么?"

张辽说:"云长他在这儿没亲没友,也挺寂寞,我正想到他那儿和他聊聊。"

张辽拜辞而去。没想到,去不多时,他就回来了。

曹操说:"你怎么这么快就回来了?"

张辽说:"我有事禀报丞相。"

曹操说:"什么事让你这样慌张?"

张辽说:"丞相让我打听的事我打听明白了,云长跟我说了实话。本来朋友跟我说的知心话,我不该对别人说,不管跟谁说,都是不义之行。但我想了又想,这话不跟丞相说,岂不是更不忠?"

曹操有些着急地说:"你快说吧,我知道你是怕把云长说的话告诉我,我会怪罪云长,我不会那样的!难道我的度量你还不知道?"

张辽说:"云长他得了那匹赤兔马,给你叩头致谢,是因为赤兔马能够日行千里,他一旦知道了刘玄德的下落,一两日就能见面相聚了。"

曹操听了,不由得哦了一声,搓着手,有些懊恼地说:"想不到我又办了一件蠢事!"

张辽说:"丞相不必担心,云长他还有话说。"

曹操忙问:"他还说些什么?"

张辽说:"云长对我说,他绝对不会长留于此,只要打听到了刘备的消息,他立刻就会辞行。但他也深知丞相厚恩,他说了,他不是那种知恩不报的人,他必当立功报效之后才会离去。"

曹操抚须想了想,忽然仰头大笑起来。

"丞相,你笑什么?"

"云长既有此话,我就有让他走不了的办法了!"

"你是说……"看着曹操狡黠的目光,张辽的话没有说完,他就明白了曹操说的走不了的办法是什么,不由得也跟着笑了起来。

曹操在屋里踱了两圈,在张辽的面前站住了。

"张将军,你是不是还有别的话要说?"

"这……"张辽有些迟疑。

曹操催促道:"你跟我有什么不能说的?"

张辽说:"我在关羽那儿好像看到了月娥小姐。"

"你说什么?你在那儿看到了月娥?"曹操有些吃惊地说,"这怎么可能?"

张辽嗫嚅着说:"可能是我看花了眼。"

曹操回身招呼家人:"去把月娥小姐叫来!"

家人去不多时,带着月娥的随房使女绿珠回来了。

曹操一见绿珠,就有些诧异,忙问:"小姐不是叫你带着那几个使女到关府去了吗,你怎么没有去?"

绿珠说:"是小姐没让我去,她自己去了。"

"她自己去了?"曹操怒道,"这么大的事,你怎么不早告诉我?"

绿珠说:"是小姐不让我告诉的,她留下了一封信。"

曹操从绿珠手中接过一张纸,展开一看,上面写道:"父亲大人,请勿怪罪小女自作主张,女儿知道爹爹的心思,小女此去对留住关羽大有益处,一可以查看关家的动向,二可以在二位夫人的面前说些美言,三可以让关羽知道爹爹的宏图大略……"

曹操看到这里,突然禁不住笑出声来:"想不到这丫头竟有这样的心机,怕是还有她自己的打算吧?"

张辽说:"丞相,是不是让绿珠快点把小姐换回来?"

曹操摆摆手说:"不必着忙,你抽空去看看,小姐是在二位夫人的身边,还是在云长的房里。"

张辽试探地问道:"那若是小姐在云长的……"

曹操大声说道:"那我就把小姐许配给他,招他为婿!"

"这……"张辽惊愕地张大了嘴。

曹操爽朗地说:"这什么,只怕这媒人还非你莫属呢!"

张辽乐得双手一拍说:"要是这样,那真是天作之合,关将军至今未娶,小姐又才貌双全,英雄美女,绝对是桩好姻缘!"

曹操哈哈笑道:"好姻缘是好姻缘,可也是我的一步好棋啊!"

张辽疑惑地说:"难道丞相早有此意,要用这步棋留住云长?"

曹操在张辽的肩上重重地拍了一下,自鸣得意地说:"知道吗,这才是我——曹操!"

这正是:

父为枭雄女不凡,心有灵犀青胜蓝。

若是留得英杰在,何惜舍身缔姻缘?

第十回　曹操嫁女别有意　张辽做媒动真情

刘备原来在许都的宅子并不大，只不过是一个典型而标准的四合院。关羽住进来之后，还把刘备的二位夫人安排在原先住的迎面正房里，曹操送过来的六个使女分派在二位夫人身边。东厢给了十几个随从人员，西厢留给了自己，院门两边的房子，一个用来专门盛放曹操送来的各种东西，一个做了赤兔马的马厩。

曹月娥被分派在糜夫人的身边。

曹月娥很高兴，她很乐意跟糜夫人在一起，觉得糜夫长得又端庄又秀气，还比自己大不了几岁，话也能说到一起。

二位夫人知道在这儿只不过是暂居，因此，整天除了聚在一起聊聊天儿，说说话儿，再没有什么要干的事。

这种日子过得挺煎熬。

正房前五步远处有一道木雕的走廊，挨着走廊置有一张长条木桌，早先，甘夫人和糜夫人住在这里的时候，就习惯坐在这里聊天。

这天，吃过早饭，二位夫人又聚在这里，曹月娥也拎着一只短腿圆凳坐在一旁。曹月娥是顶着使女绿珠的名字来的，二位夫人当然只能叫她绿珠。

在这段日子里，二位夫人闲着没事，使女们也没什么可干的。除了睡觉，曹月娥整天都陪在糜夫人的身边，二位夫人都把她当作用人，说什么话也不避着她。

甘夫人已有身孕，她的心思全在刘备身上，整天愁眉紧锁。糜夫人和她不同，原本糜家把她许给刘备的时候，刘备已娶了甘夫人，就打算把她让给关羽。糜夫人也对关羽早有耳闻，心有好感，怎奈哥哥糜竺硬是相中了刘备，糜夫人嫁过来以后，心里始终有些不痛快。这会儿，她的心里并没有更多的担忧，有关羽在身边，她就觉得很有依靠，不管刘备在不在，关羽都不会丢下她不管。

"妹子，你说，现在皇叔他能在哪儿呢？"甘夫人忧心忡忡地说。这话她都不知说了多少遍。

甘夫人和糜夫人在一起，始终以姐妹相称。

"姐姐，你不用这么担心，皇叔他不会有事的。"

"已经这么多天了，二叔他还没有打听到什么消息？"

"有消息二叔能不告诉咱们吗？"

"我真怕皇叔他……"

"你别瞎想了，有二叔在，不用咱们操心。"

甘夫人站起身，犹豫地说："要不，咱们问问二叔去？"

糜夫人拉她坐下："咱们不要去给二叔添乱了，二叔肯定比咱们还着急，你没看见，这几天，二叔吃不好睡不好，胡子又长了许多！"

这工夫，曹月娥做好了手中的针线活儿，插话道："我看，二位夫人真的不用过分担心。当初在下邳，凭着关将军的武艺，他肯定能够冲杀出去，他是为了保护二位夫人才降了曹丞相。如今，关将军守着二位夫人，一定有他的打算，二位夫人尽管放心好了！"

糜夫人高兴地说："绿珠说的话很有道理，咱们用不着这样成天自找烦恼。"

曹月娥把刚刚做好的针线活儿放到桌上。这是一个皂色纱囊，形如箭袋，一朵枣红丝线绣成的牡丹花点缀其中。曹月娥从来的第二天起，有了空闲就缝制这个东西，糜夫人一直以为是女孩子自己用的兜裙或针线袋之类的，也就从没问过。

"绿珠，你做的这是什么？"糜夫人感到很奇怪。

曹月娥羞涩一笑，说："这是我给关将军缝制的须囊。关将军的髯须长而潇洒，更显将军的威武，就连皇上都称他为美髯公。我怕将军的髯须散落在外，容易搓断弄乱，就做了这个纱囊。"

甘夫人拿起纱囊一边看一边夸奖道："这丫头，手还真巧，缝得针脚均匀，绣得样子逼真，你这是从哪儿学来的？"

曹月娥说："我是跟我家小姐学的，小姐的手艺比我好多了！"

糜夫人说："你家小姐是曹丞相的女儿吧？她还会做针线活儿？"

曹月娥说："我家小姐不光会做针线活儿，书也读得很多，还会弹琴舞剑呢！"

糜夫人说："我看见你也带了一把琴，你也会弹？"

曹月娥点点头说："我跟小姐学了一些，那把琴就是小姐送我的。"

糜夫人看着甘夫人，笑着说："既是这样，我们也闲着没事，就让绿珠给我们弹支曲子吧！"

甘夫人点点头，说："好，就让绿珠辛苦了！"

曹月娥谦逊地微微一笑说："我弹得不好，二位夫人不要见笑。"

曹月娥进屋取出一把琴，就是那把九弦箜篌。她把琴放在长桌上，调理了一下琴弦，抬头向西房望了一眼，手指轻轻一拨，琴音响起，她用情地唱道：

投我以木瓜，报之以琼琚。

匪报也，永以为好也。

投我以木桃，报之以琼瑶。

匪报也，永以为好也。

投我以木李，报之以琼玖。

匪报也，永以为好也。

曹月娥在弹唱的时候，她看见西房先是推开了一扇窗子，接着门开了，关羽走出屋子，慢慢地朝这边走过来。

关羽听到的琴音有些熟悉，歌声也像在哪里听过，琴音舒缓而酣畅，歌声婉转而深情。他的心也像被那琴音拨动，莫名地发出战栗，而那歌声就像一束燃烧的火苗，让他周身发热。他感到有些奇怪。

"二叔，你快过来听！"糜夫人招呼道。

"二叔，你听，绿珠弹唱得多么好！"甘夫人也招呼说。

关羽走到木廊前，看着曹月娥疑惑地说："你是……"

"她叫绿珠，是曹丞相的小女儿曹月娥身边的使女。"糜夫人接过话，说，"你看她弹唱得都很好吧？这都是小姐教给她的，她说，小姐比她弹唱得好多了！"

关羽"哦"了一声，轻轻点点头，转身往回走。

"二叔，请留步！"糜夫人喊住了他，"有一样东西送给你！"

关羽转回了身。

糜夫人拿起桌上的纱囊，递给绿珠，说："给他送去，让他戴上！"

曹月娥拿着纱囊走到关羽面前,轻声说:"将军,给您!"

"这是什么?"关羽问道。

"这是绿珠特意给你做的纱囊。"糜夫人一边走过来一边说,"绿珠这孩子真有心计,她看你胡须太长,容易弄乱,就做了这个纱囊,让你把胡须装起来。"

"这……"关羽瞅着曹月娥,沉着声音说,"难得你这片心思,谢谢你!"

曹月娥羞红了脸,垂着头轻声说:"将军不用言谢,只要将军不嫌弃,小女就知足了。"

糜夫人着急地说:"绿珠,快给将军戴上看看吧!"

关羽微微俯下身躯,曹月娥凑到关羽的面前,心不由得一阵怦怦乱跳,脸也羞得通红。她长到这么大,除了她的父亲,她还是头一次这么近距离地接触男人,尤其是自己心仪的男人。她仿佛都听到了他的鼻息,闻到了他身上散发出来的男人的味道。

曹月娥的手莫名其妙地抖动着,她给关羽系着纱囊的襻带,一个带子系了两回都没有系住。

"好,好,太好看了!"糜夫人看见关羽戴上纱囊,不由得拊掌喊了起来。

"是呀,二叔戴上这个纱囊,显得更精神了!"甘夫人也跟着说道。

曹月娥看了关羽一眼,扭头跑回了屋子。转眼工夫,她又拿着一面铜镜跑回来,递给关羽:"关将军,您照照!"

曹月娥拿来的是一面盘虎镜,半尺直径,圆形圆钮,钮下卧有一虎,口张目怒,钢尾高卷,是曹月娥平日喜爱之物,总是随带身边。

关羽拿过镜子,仔细照了一遍,脸上露出了笑容。他已多日没有照过镜子了。

关羽把镜子还给曹月娥,连声说:"谢谢你了!谢谢你了!"

曹月娥推回镜子,面带娇羞地轻声说:"这面镜子将军若是喜欢,就请留下吧!"

关羽还要推辞,甘夫人和糜夫人同声说道:"既然是绿珠一片真心,二叔就不必客气了!"

这正是:

一曲琴音动真情,两心相悦鼓瑟鸣。
千针万线皂纱囊,羞说美女识英雄!

第十一回　夫人有意牵良缘　将军无心结私情

天刚破晓，远处传来雄鸡的啼鸣，东方的天空微微露出了曦光。

关羽已在赤兔马的马厩里待了多时。

关羽对这匹赤兔马有着一种说不出的感情。当曹操看到他的坐骑瘦弱不堪，提出要给他换一匹的时候，他在曹操的马圈里一眼就看中了它。当时，它混杂在一群马中毫不显眼。那一群马闲在马厩里，个个养得膘肥体壮、毛色发亮、精神抖擞。而它却显得有些萎靡不振、无精打采。但是，当关羽来到它面前的时候，它的眼睛立刻像有一道电光射出，那特异的神色表明它此生等待的人终于来了！

关羽有了空闲的时候就会来到马厩里看望赤兔马，亲自给它刷洗梳理，后半夜会来给它添点草料，然后，坐在它的对面，静静地看着它，心里便会生出无限感慨。

这会儿，关羽觉得赤兔马就是他的孩子，赤兔马虽然不会说话，但是，关羽每每看到它那温柔的眼神，都会感受到一种莫大的信任。当关羽爱抚地摸着赤兔马的脑门儿，赤兔马总是扬起头，用鼻翼轻轻地撞击他的手，从鼻孔里发出"咴儿咴儿"的低鸣。这时候，关羽的心里就会荡起一股暖流。

这是一匹多么好的马呀！想当初，吕布因为有了它，才会天下无敌。

关羽不明白，曹操为什么没把它据为己有？为什么会把它送给自己？

关羽知道曹操在明白了自己感谢他的原因后，一定会很后悔、懊恼。

其实，关羽感谢曹操的原因并不仅仅是有了赤兔马可以早一点见到刘备，更重要的是他得到了一个可以生死与共的伙伴，一个可以伴他驰骋疆场、建功立业的战友。

关羽走出马厩的时候，天已经蒙蒙亮了。

关羽回到自己的屋子里，他想取出青龙偃月刀，到院子里练练武艺，活动一下筋骨，多日没有征战，身子已经有些僵硬。可是，当他一出门，却看见院子当中已经站了一个人。那是一个女子，身着白色紧身衣，头发盘成随云髻，扎着一条红丝带。只见她怀抱一把青钜剑，凝神静气，缓缓探出云步，一手仙人指路，剑锋瞬即跟到，身随剑动，剑随心走，脚步腾挪轻盈无声，剑尖指处飒然有响。

"好！"关羽看到精彩之处，禁不住喝起彩来。

舞剑女子拢住了手脚，抱剑站定。

"你是何人？"关羽一边说着一边走过来。

"我是绿珠。"曹月娥淡淡一笑，说，"关将军不认识小女了？"

关羽走过来，手捻髯须，呵呵笑道："呵，真是绿珠！想不到一个羸弱女子也有这等功夫，你是跟何人学的？"

"我是跟我家月娥小姐学的。"曹月娥一边说，一边把手中的宝剑递过来，"你看，这把青钜剑就是小姐送给我的。"

关羽接过宝剑一看，果真是把好剑，那剑长二尺盈余，身薄刃利，剑锋泛着青冷的寒光。他疑惑地问道："你家小姐怎么会有如此好的宝剑？"

曹月娥说："这本是曹丞相所用之剑，后来赠与了我家小姐，成了小姐心爱之物。曹丞相选派使女过来服侍将军和二位夫人,小姐特意让我过来,还给了我这把剑。"

关羽把剑还给了曹月娥,沉吟了片刻,说:"绿珠姑娘,我看你知书达理、谈吐不俗,应该不是一般人家的孩子,你怎会成为用人?"

曹月娥低下头,轻声说道:"小女本是富家出身,幼时遭遇黄巾祸乱,家财付之一炬,双亲也被乱兵杀死,幸被曹丞相收留,他见我长得和月娥小姐如同一母双胞,对我很是喜欢,一直让我陪伴在月娥小姐身边,曹丞相视我为其女,小姐待我如姐妹。"

关羽长叹了一口气,说:"那小姐让你来做使女,岂不可惜了?"

曹月娥摇摇头说:"小女早就仰慕将军英名,能在将军身边,即使端茶倒水,服侍一辈子我也心甘愿!"

说话的工夫,天已亮了。甘夫人和糜夫人起了床,隐约听见院子里有人说话,出门一看,见是关羽和曹月娥,俩人互相瞅了一眼,都会心地笑了。

糜夫人说:"二叔,绿珠,一大早,你们聊些什么呢?"

关羽赶忙走过来,给二位嫂嫂请安道:"我和绿珠说些闲话,怕是打搅了二位嫂嫂!"

甘夫人说:"太阳都要出来了,打搅什么?你们是起来有些时辰了吧?"

曹月娥说:"我是要起早出来练练剑,恰巧遇见关将军也出来,就闲聊了几句。"

糜夫人笑着说道:"既然你们都是出来练武,就让我们也见识见识吧!"

曹月娥羞怯地说:"我可不敢在关将军和夫人面前献丑,还是请关将军施展一下身手,让我们也看看青龙偃月刀的威风吧!"

糜夫人说:"绿珠,那你就快去把刀拿过来,让二叔演示一下!"

曹月娥跑过去,双手抓住青龙偃月刀,往起一提,却没有提起来。她再一使劲,脸已变得通红,还是没有提起来。她没有想到,这把刀会有这么沉。

关羽走过去,一只手把刀提起来,笑着说:"这把刀是我和皇叔、三弟结拜之时,一同打造的,皇叔是把双股剑,翼德是支丈八点钢矛,我是这把青龙偃月刀。这把刀重八十二斤,只能在马上显出威风,平地里施展不起来。改天打仗时,我让你们到阵前去看看!"

关羽提刀回屋去了。

曹月娥说:"我给夫人弄早点去!"

曹月娥说完,要回屋去。糜夫人喊住了她:"绿珠,你回来,我有话跟你说。"

曹月娥返回身,来到糜夫人面前。糜夫人瞅了甘夫人一眼,笑着说:"绿珠,我跟你说个事,我看关将军挺喜欢你,他跟前也没有人照顾,我想把你派到他的房里,让你去服侍他,你愿意吗?"

曹月娥一下子红了脸,她垂下头,嗫嚅着说:"小女不能做主,听从夫人安排就是了。"

甘夫人和糜夫人都笑了。

糜夫人对曹月娥说:"这事就这么定了,你去把关将军请来,我跟他说!"

曹月娥扭头跑回了自己的屋子。

"这丫头,还害羞了?"糜夫人说着,和甘夫人一起走进西房。

"二叔,我们和你商量个事儿,打算让绿珠到你房里来服侍你,你看行吗？"

关羽一听，连忙摆手说道："多谢嫂嫂费心，我这里不用她来照顾。"

甘夫人很认真地说："二叔，这些日子，你太辛苦了！我们帮不了你，反倒拖累你，没有人照顾你，时间长了你会累垮的。"

关羽说："皇叔把嫂嫂托付给我，无论怎样，我都要把嫂嫂照顾好。请嫂嫂放心，我会照顾好自己的。"

糜夫人叹口气，说："我看绿珠这姑娘，人长得俊秀，心也聪慧，手也灵巧，样样都招人喜爱，你真的不用？"

关羽很郑重地说："我真的不用。我看绿珠这孩子不是平常的使女，一会儿我到曹丞相那儿去，跟丞相说说，给她找个合适的人家，要不，就亏了这孩子！"

关羽和二位夫人说这话的时候，曹月娥已悄悄来到了门外，她听到这儿，说不上为什么，心里竟涌出一股酸楚，眼里禁不住流出了泪水……

这正是：

　　世间难得有知音，语不惊人心也真。
　　儿女情长休细论，鹍鹈来去春复春。

第十二回　假使女明施卓艺　真小姐暗展慧心

吃过早饭，关羽穿好衣服，正准备去曹操那里，没等出门，张辽拎着一坛龙湖老酒来了。

不管有事无事，关羽每天都要到曹操那儿去点个卯。他知道自己在这里得处处小心谨慎，因为这是虎狼之窝，他不可能在此地久留。虽然曹操看似真心留他，又是赠银赏物，又是封官宴请，但他真要离去，恐怕就没有这么客气了。再说，曹操的部下文官见他满脸阴沉，武将见他眼露杀气，根本没有把他当成自家人。他在这儿，只能是龙得盘着，是虎得卧着，耐心地等待时机。

眼下，关羽只有张辽这么一个朋友，英雄相惜。

张辽知道关羽在这里人单势孤，心情会很郁闷，他总是有空就过来坐一会儿，陪关羽喝几杯小酒，聊聊天，让关羽能够开心一点。

当然，张辽来这儿的心思也很复杂。虽然他也是一个降将，但他不是反复无常的小人，他既然降了曹操，就会忠心事主，别无二意。他知道关羽不会久留此地，很是敬仰关羽的这种义气，可他又觉得关羽这个朋友很难得，希望能在一起共事，所以，他来看望关羽，既是一种真心的安慰，也是有意无意地在替曹操说话。

关羽看见张辽这么早过来，有些诧异。

"文远兄,你怎么这么早就过来了?"

张辽满脸带笑地说道:"云长老弟,我是给你道喜来了!"

关羽一把拉住张辽的手,惊喜地说:"是皇叔他有了消息?"

张辽说:"没有刘皇叔的消息。"

关羽有些失望地说:"既不是皇叔的消息,何喜之有?"

张辽绷住脸,说:"你猜猜看!"

关羽摇头说道:"我猜不出来。"

张辽说:"去把月娥小姐派过来的丫头绿珠叫来,让她给我们准备几个小菜,咱俩一边喝一边说。"

关羽说:"厨房有人做饭,我叫他们送来就是。"

张辽说:"你不知道,绿珠那丫头做的下酒菜特别有味道。"

关羽出去,不一会儿,就和曹月娥一起回来了。曹月娥把手中托盘里的几碟小菜放到方桌上,转身要走,张辽喊住了她:"绿珠!"

曹月娥偷偷地瞅了张辽一眼,低着头,怯怯地应道:"我是绿珠。"

张辽说:"我知道你是绿珠。临来时我见了月娥小姐,是小姐告诉我,你做菜的手艺很好!"

曹月娥说:"谢谢张将军的夸奖,我做菜的手艺都是小姐教我的。"

曹月娥说完,就要退下。张辽说:"你不要走,听我们说话,一会儿菜不够了,还要你添些。"

关羽和张辽对着方桌坐下。

关羽说:"文远兄,你不是有话要说吗,我何喜之有?"

张辽打开酒坛,一边往碗里倒酒,一边说:"我今天是特意给你做媒来了,你该敬我一碗才是。"

"文远兄,你不是和我开玩笑吧?"关羽感到很疑惑。

"这么大的事我敢开玩笑吗?"张辽郑重其事地说,"我是受曹丞相之托,他要把月娥小姐许配与你!"

关羽吃了一惊,不由得站起身来:"你这不是开玩笑是什么?曹丞相怎会把女儿嫁给我?"

张辽哈哈笑道:"这有什么惊奇的?天下谁不知道丞相爱才!丞相看中了你的忠义,把女儿许配给你,有何不可?"

关羽连连摆手说道:"你替我谢谢丞相的美意,关某实在领受不起。"

张辽说:"你是不是没看上月娥小姐?"

关羽说:"我没见过小姐,何谈看上看不上?"

张辽指着曹月娥说:"你看绿珠的才貌怎样?"

此时,曹月娥听说父亲要把自己许配给关羽,心中又惊又喜,不由得杏眼流光,粉腮溢彩,娇羞的模样更加楚楚动人。关羽只瞥了一眼,心头就猛地一跳,脱口说道:"绿珠这孩子才貌确实很出众。"

张辽把酒碗和关羽对碰了一下,说:"你先喝口酒,然后说实话,像绿珠这样的姑娘,你喜欢不喜欢?"

关羽一口喝下去半碗酒,感叹道:"天下哪个女子不生春?哪个男儿不多情?能有像绿珠这样的女子相伴,一生足矣!"

"好!"张辽把碗中的酒一饮而尽,大声说,"你看见了绿珠就看见了月娥小姐,小姐的才貌只在绿珠之上。"他转头对曹月娥说:"绿珠,你说,是不是这样?"

曹月娥羞涩地低着头说:"张将军说得极是,小女无论哪样都不能和小姐相比!"

"听见了吧?既是这样,你还有啥可犹豫的?"

关羽沉吟了一下,说:"这等大事,我不能自作主张。"

张辽一挥手说:"这好办,绿珠,你去把二位夫人请来!"绿珠应声出去,关羽想要拦阻,却被张辽拉住。张辽指着关羽身上的衣服说:"云长老弟,你里面穿着曹丞相赠你的新衣,外面罩着旧袍,是不是就想这样去见丞相?"

关羽说:"丞相赠与我的新衣我不能不穿,但我外面的旧袍是我和皇叔结拜时做的,我穿在外面,看见旧衣,就会想起我们的结义之情。"

张辽说:"你的心思可嘉可敬。可你这样到丞相面前,丞相会不悦的。"

关羽说:"丞相要是这样计较,怪罪关某,我也无可奈何,还靠文远兄替我美言几句。"

说话的工夫,绿珠领着甘夫人和糜夫人来了。

糜夫人进屋就说:"张将军,听说你给我家二叔做媒来了,这是好事呀!"

关羽和张辽起身给二位夫人让了座。张辽说:"二位夫人,我是来替曹丞相做媒,可是大喜之事呀!"

"我都听绿珠说了,曹丞相的女儿长得比绿珠还俊,手比绿珠还巧。"糜夫人一手拉着绿珠,瞅着关羽说,"绿珠这丫头就够招人喜爱的了,若是比绿珠还强,这世上哪里去找?"

"二妹说得极是,"甘夫人接过话,对关羽说,"二叔,我看这是好事,不必再多虑!"

关羽说:"这等大事,我怎敢自作主张?"

糜夫人说:"二叔,这是你的终身大事,只要你同意,嫂嫂不会阻拦,只会为你高兴!"

张辽乐了:"云长老弟,二位嫂嫂已经表态,你还有什么推托的?"

关羽在屋里踱了几步，回身对张辽说："文远兄，这事我还是不能自作主张。"

"老弟，你一向做事爽快，怎么今天没了主见？"张辽着急地说，"二位嫂嫂已经发话，让你自己拿主意，你还有啥做不了主的？"

关羽说："这件事还是要等皇叔同意才行。"

张辽搓着手说："刘皇叔不知什么时候能有消息，怎么让他同意？"

关羽说："那就什么时候有消息，什么时候再说吧。"

张辽为难地说："这个事我是在丞相面前打了包票的，你这样说，让我怎样去交差？"

曹月娥心中暗暗着急，偷偷地拉了一下糜夫人的衣袖。糜夫人看了甘夫人一眼，站起身来，说道："既然丞相大人这样看重我们家二叔，张将军又这样热心从中撮合，我们若是不答应，岂不是辜负了丞相大人的一片苦心，也让张将军白费了一番心思。我看这样吧，二叔就先应承下来，等到见了皇叔之后，再下聘礼成婚。"

甘夫人说："妹子所言，正合我意，二叔就不要推辞了，这事就这么定了。"

曹月娥听见二位夫人这样说，心中不由得一阵激动，下意识地拉紧了糜夫人的胳膊。糜夫人在她的头上点了一下，笑道："是你们家小姐订婚，又不是你，怎么把你高兴成这样？"

甘夫人笑着对曹月娥说："曹小姐嫁给二叔，绿珠当然得跟着过来，怎么能不高兴呢？"

曹月娥一下子羞红了脸，扭头要跑，张辽笑着把她拦住："绿珠，你先别走，我还有话要跟他们说。临来时，小姐对我说，若是婚事成了，你得跟我回去，帮助小姐做些准备。"

糜夫人拉住曹月娥的手,有些动情地说:"小姐这样说了,我们也不好拦着,说实话,我们还真有些舍不得让你走呢!"

喝完了酒,张辽就要告辞。曹月娥也收拾了东西出来。二位夫人送到门口,糜夫人看见曹月娥只带了一个小包袱,感到很奇怪,说:"你怎么带了这么一点东西?那琴和剑怎么不带走?"

曹月娥凑到她的耳边,悄悄地说:"我很快就会回来的!"

送出了大门,关羽忽然想起一件事,赶忙拉住张辽,说:"你回去,替我在丞相面前说一声,绿珠这姑娘有才有貌,当使女太可惜了,该给她找个相当的人家。"

张辽叹道:"难怪你当年放走了貂蝉,我一定会把你的这个心意捎到!"

这正是:

  姻缘本是由天定,看似美满却不成。
  人间多少遗憾事,说尽千年仍动容。

第十三回　袁绍发兵占白马　关羽出刀斩颜良

时光荏苒，转眼已是新春。消停的日子过得很快，北方又传来了战报：袁绍亲领二十万大军，要来攻打许都。

原来刘备投奔了袁绍以后，寄人篱下，形单影只，日益烦恼，禁不住愁眉紧锁，长吁短叹。袁绍见他这样，忍不住问道："玄德，你干吗整天闷闷不乐，是不是我哪里招待不周？"

刘备说："我自徐州兵败，无处存身，幸得本初收留，已是感激不尽。只因妻室陷于曹贼之手，二弟又下落不明，我上不能报国，下不能保家，心里怎么能够好受？"

袁绍笑道："玄德不必忧虑，我早就想攻打许都，灭除曹贼。如今，黄河已经解冻，正是发兵的好时机。"

刘备一听，高兴地连忙躬身说道："本初若是出兵，曹贼必败，我当谢你为天下人除害！"

袁绍拉起他，说："当初，曹贼攻打徐州之时，我因爱子病重，无心帮你，这回我定要为你一报前仇！"

袁绍的谋士田丰听说袁绍要发兵，赶忙到袁绍那儿劝道："曹操攻打徐州之时，许都兵力空虚，那时你不去打，如今徐州已破，曹操已兵回许都，其势正盛，不可轻敌。不如等到有了机会再说。"

袁绍觉得田丰说得有理，就想按兵不动。刘备听了这个消息，连忙去见袁绍。

"当年董卓专权祸国，明公自当盟主，仗义出兵，为民除害。如今，曹贼步董贼后尘，明公若不挺身而出，养痈遗患，岂不忘义于天下？"

袁绍本是个没有主见之人，听了刘备的这番话，头脑一热，决定立即出兵。田丰知道袁绍是受了刘备的蛊惑，又来劝阻道："主公切莫听信刘备的谗言，他是心怀叵测，假借明公之手名义上是除暴安良，实欲公报私仇。"

袁绍生气地说："你们这些舞文弄墨之人，就会鼓舌掀簧，让我险些丢失大义，耻笑于天下！"

田丰跪下，以头触地，带着哭腔说："明公若是不听臣之良言，出师定会不利呀！"

袁绍大怒，拍案叫道："还未出兵，你先咒我，无用之人留之何用？推出斩了！"

奋武将军沮授冒死拦道："田丰所言，我也有意，话虽直出，却是一片苦心，若是因此被杀，实是冤枉，还望明公三思！"

袁绍余怒未消，命人把田丰押入牢中，叫沮授随军出征。

沮授感到一阵心寒，回到家中，招来家族亲属，把家财都分给他们，对他们说："我这次出去，仗打胜了，我也不会有什么功劳，如果打败了，我就不一定能回来了。"

沮授哽咽难言，众人都已泪流满面。

当下，袁绍亲领十多万人马进军黎阳，让大将颜良担任先锋，攻占白马，打通南渡黄河的要道。沮授知道颜良虽然征战骁勇，却心胸狭窄，头脑简单，力劝袁绍不要让他担此重任，袁绍却一笑，说："颜良是我的得力上将，怎么能像你们想的那样？"

袁绍出兵的消息，早由东郡太守刘延传递入京。曹操立即调兵遣将，前去迎敌。关羽听到这个消息，觉得是个报效曹操的机会，立了功，也有了离开曹操的借口，他就去面见曹操。

"听说丞相要领兵出战，云长愿为先锋。"

曹操婉言谢绝："此次不劳将军，如有用将军出马的时候，我一定请你。"

关羽猜透了曹操的心思，知道再说也无用，只得怏怏而回。

曹操带领五万兵马，急速北上。途中又几次接到刘延的求救文书。谋士荀攸献计说道："我们的兵力较少，不可和袁绍硬拼。丞相带兵直逼延津，做出将要渡河攻击敌侧的样子，袁绍必会分兵相对，这时我军就可轻装突袭白马。颜良孤军难支，必败无疑。"

曹操依计而行，兵分三路，自己带了两万人马来到白马，找了一座山丘扎下营寨。

从山上朝下望去，只见山下一片平川之地，颜良的十万大军排列有序，旌旗招展，阵势威武。

曹操没想到颜良会有这么多的兵马，心里不禁有些愕然，他回顾左右，对宋宪说："我听说你在吕布手下是一员猛将，今天能不能去和颜良对战？"

宋宪也不回话，提刀上马，直扑阵前。

颜良正横刀立马等在阵前，见宋宪奔来，大喝一声，纵马过去，交战不过三个回合，就把宋宪砍下马去。

曹操在阵前看得清清楚楚，禁不住惊呼了一声："真是一员勇将啊！"

魏续和宋宪多年在一起共事，相交甚厚，他见好友被杀，怒喝一声:"杀我好友,我要报仇!"持矛上马,冲到阵前,大骂颜良。颜良也不答话,放马过来,举刀就砍,一个回合下来,魏续就已横尸马下。

曹操见魏续又死,忙问众将:"何人敢去交战?"

大将徐晃应声出马,来到阵前,与颜良战了没有几个回合,自量不支,赶忙败回本阵。

曹操收兵,颜良也退兵回营。

曹操回到大寨,心里闷闷不乐,很是烦躁,几个谋士也都束手无策。这时候,程昱走出来说道:"我举一人,保准可胜颜良!"

曹操忙问:"你说是谁?"

程昱说:"此人就是关羽,非他不可!"

曹操一听,连忙摇头说道:"我也知道非他不可,可我担心他立了功就要离去,投奔刘备。"

程昱说:"丞相多虑了,如果刘备还在,定然要去投奔袁绍。如今让关羽去击破袁军,袁绍必然要怀疑刘备,说不定就会杀了他。刘备一死,关羽无处可去,他就会留在丞相这里了。"

曹操听了,非常高兴,连忙派人去请关羽。

关羽闲在家里,无事可干,除了看看《春秋》,到二位夫人那儿问问冷暖,不免有些寂寞,总觉得缺少了点什么。

糜夫人看出关羽有些神魂不定,顺口说了一句:"绿珠这丫头,怎么还不回来跟我聊聊天,我都有点想她了!"

糜夫人这一句话,让关羽的心里一下子投进了亮儿,他忽然明白了,是身边少了一个可以说说话的人,这个人就是绿珠。他自己也感到很奇怪,这些日子,心中觉得缺少的东西怎么会是她呢?

糜夫人说:"二叔,你到曹丞相那儿去时,顺便说一句,还让绿珠那姑娘回来吧！"

正说着话，张辽来了："丞相让你马上到白马去，咱俩一起走！"

关羽说："丞相怎么会让我去，是不是……"

"先别问了，路上再说吧！"张辽着急地说。

关羽立刻穿好战袍，提上青龙偃月刀，从马厩里牵出赤兔马，系上鞍镫。那马好像知道要出征，竟然毛鬃抖擞，钢尾甩动，两耳尖竖，"咴儿咴儿"直打响鼻儿。

关羽跟二位夫人告别："嫂嫂，多保重，我去不多时就会回来！"

甘夫人叮嘱道："路上多加小心，留意打探皇叔的消息。"

关羽点头应允。出了门，关羽对张辽说："我的马快，我先去了！"说完，扬鞭打马，疾驰而去。

关羽来到白马，见了曹操，还没有来得及歇息，就见颜良前来挑战。曹操领着关羽来到寨门前，指着山下列队的袁军，感慨地说："想不到，河北的人马，军容竟是这样整齐威武！"

关羽有些不以为然地说："在我看来，不过如土鸡瓦犬罢了！"

曹操又指着袁军说："那面大旗下身穿绣袍金甲，马上持刀的将官就是颜良，他连杀了我的两员大将。"

关羽顺着曹操所指望去，"哼"了一声不屑地说道："我看颜良，倒像个插标卖首之人！"

关羽所说插标之人，当时有两种。一种是日子过不下去的人，没办法了，脑袋后面插把草棍，到市上自卖自身，甘愿为奴；另一种就是犯了死罪的人，押赴市曹斩首示众时，脑袋后面也要插个标牌。

曹操见关羽没把颜良当回事，就特意提醒道："云长，此人不可小视。"

关羽双拳一抱，对着曹操说："云长不才，愿去万军之中取其首级，献于丞相！"说罢，转身上马，倒提青龙偃月刀，跑到山下，直奔袁军而去。

颜良的军兵在山下排着一字方阵，颜良的大旗置在中间，前边的队伍看见关羽冲来，呼啦啦如波开浪裂一样闪向两旁，颜良正在大旗下，见有人闯进阵来，正想问是何人，不想那赤兔马已如追风闪电般来到近前，关羽手起刀落，颜良猝不及防，被砍下马来。关羽割了首级，提刀出阵，赤兔马长啸一路，两边的袁兵惊吓得个个呆若木鸡，鸦雀无声。

曹操看见关羽斩了颜良，一声令下，战鼓齐鸣，曹军如洪水决堤，势不可挡地扑向袁兵。

主帅一死，十万袁兵如同丧家之犬，顷刻之间，四散逃亡。

关羽催马上山，来到曹操面前，献上颜良的首级。曹操大喜过望，禁不住拉着关羽的手，连声赞道："将军真是个神人啊！"

关羽摇摇头，不以为然地说："我没什么了不起的，我三弟张翼德在百万军中取上将之首，如同探囊取物一样容易。"

关羽的这句话，本是一句谦逊之词，没想到却惊得曹操心头乱颤，瞬间喜气全无。他回顾左右，对身边的几个武将认真地说："你们记住了，今后遇到张翼德千万不可轻敌！"

这正是：

不战当战偏欲行，刚愎自用事难成。
纵有雄兵无良将，麾盖折处毁全营。

第十四回　帅愚将蠢成败阵　相明士精定胜局

关羽因为斩了颜良，曹操上奏朝廷，让皇上封了关羽一个不大不小的官儿——汉寿亭侯。曹操还特意打造了一方金印，送给关羽。这个官儿虽然没有多大的实权，但却是个王公贵族身份的象征。

关羽在曹操这儿受了封赏，却不知道他的皇叔哥哥在袁绍那里差一点掉了脑袋。

关羽斩了颜良，袁军大败而退，半路上碰到袁绍带着大队人马赶来。袁绍命人截住溃兵，把颜良的副将找来，问道："何故这样慌乱，是颜将军打了败仗？"

颜良的副将惊魂未定地说："原本颜将军已经杀了曹操的两员大将，曹军即将退去，谁知曹操来了一支援军，有一个红脸长须的大将单刀匹马闯进阵来，转眼之间就把颜将军斩下了马，被他割了头颅，旋风般而去，我军因此大败。"

袁绍吃了一惊："那个红脸长须的人是谁？"

那个副将摇着头说："不知道是谁，没见过这么厉害的！"

沮授上前说道："我知道这个人是谁。"

袁绍忙问："你说是谁？"

沮授看了一眼刘备，说："这个红脸长须的人不是别人，肯定是刘玄德的结拜兄弟关云长！"

袁绍一听，顿时大怒，指着刘备说："你在徐州被曹操打得落荒而逃无处安身的时候，我好心好意收留了你，还出兵要帮你报仇，想不到你的义弟却跑到曹操那儿，替他出力，杀了我的爱将，你不是他们的同谋，也是别有用心，我留着你有何用？"

袁绍喝令刀斧手把刘备推出去斩了。

刘备这个人好哭，遇到高兴的事掉泪，碰到伤心的事也流泪。他原想借袁绍这儿暂时安身，以图寻找机会东山再起，做梦也没有想到突然之间招来杀身之祸。他被绑上推出门口的时候，说不上为什么嚎啕大哭起来，一边哭，一边大声地嚷着说："我和云长自打徐州失散以后，彼此音信皆无，死活不知，我怎么知道他在曹操那儿？再说，天下同名同姓者有的是，同模同样的人也有的是，怎么能说长了红脸长须的就是我的义弟云长呢？还没有弄清是真是假，就把我杀了，我真是冤枉死了！"

袁绍本是个没有主见的人，听了刘备的哭诉，觉得也有道理，便把刘备叫回来，给他松了绑，让他坐下，安慰他道："都怪我一时心急，差点误害了你。"

刘备一边擦着眼泪，一边做出很委屈的样子说："要是日后能证明颜良确实是云长杀死的，我甘愿受罚。"

袁绍召集众将，商议攻打曹军要为颜良报仇之事。这时，和颜良相处得如同兄弟的文丑挺身上前，激愤地说："曹贼杀了我的兄弟，此仇岂能不报？我愿为先锋，领兵前去杀敌！"

文丑这人长得面貌凶恶奇丑，但武艺却很高强，是河北有名的战将。袁绍见他愿为前部先锋，高兴地说道："文将军出马，定能为颜将军报仇！我今拨给你十万军兵，南渡黄河，追杀曹贼！"

沮授看见袁绍在群情激愤的情况下匆忙出兵，忍不住出来谏道："孙子云：'主不可以怒而兴师，将不可以愠而致战。'倘若大军就这样轻易匆忙地渡河，如果有了什么变故，就回不来了。"

袁绍很不悦："都是你们这些人，耽误了我很多时间，我要早出兵，怎能让曹贼如此猖狂？"

袁绍的一些部将也纷纷说道："袁公英明神武，兵多势众，横扫曹军易如反掌，千万不能犹豫不决，错过了剿灭曹贼的大好时机！"

沮授很无奈，出门对天长叹道："在上的充满野心，在下的只知求功，我再有忠心也无济于事啦！悠悠的黄河啊，怕只怕这些人过去了就不一定能回来了！"

沮授自此灰心丧气，不再多言。

文丑领了军令，转身要走，刘备赶忙上前，对袁绍说道："玄德深蒙袁公大恩无以为报，今愿与文将军同行，一是想效犬马之劳，二是想打探一下云长的消息。"

袁绍高兴地说："有玄德兄助阵，此去定会马到成功。"

文丑不屑地瞥了刘备一眼，对袁绍说："刘玄德是个屡战屡败之将，他要跟我同行，定会出征不利，主公既然让他去，我就分给他三万人马，我先去追杀曹贼，让他在后边跟着吧！"

刘备说："曹操用兵一向奸诈狡猾、诡计多端，文将军不可轻敌冒进。"

文丑轻蔑地冷笑一声，说："你要是胆小，你就在后边离我远一点！"

文丑领兵上路，七万大军过了黄河，他为颜良报仇心切，便率领六百骑兵，离开大部队去追赶曹军。

曹操解了白马之围以后，并没有乘胜追击。这次，袁绍是有备而来，他是仓促之间前来救急，兵力悬殊，没法儿和袁绍硬拼。但他又必须阻挡住袁军的南侵，还要打败它，并把它赶回河北老家。

曹操早就做好了在官渡和袁绍展开决战的准备，他已经在那里修筑了坚固的防御工事，囤积了大量的粮草，就是想要在这儿拖住袁绍，寻找有利时机，把袁军打垮。因为官渡这个地方是黄河的一个口岸，从渡口往南一马平川，道路通畅，特别适合骑兵作战。而对于袁军来说就相当不利了，二十万人马很难在短时间内全都渡过河来。就是渡过来，从官渡到渡口地方也很狭小，兵力施展不开，进退都很难。再者，二十万人马的补给也相当费力，一旦官渡久攻不下，后勤供应就会成为致命的大问题。

曹操带着兵马从白马撤往延津，从那儿再回到官渡。

曹操知道袁绍折了大将颜良，一定不会善罢甘休，后面的追兵很快就会赶到，而这么快能够赶到的一定是骑兵，人数也不会太多。这就给他斩断这条尾巴创造了机会。

曹操不愧为奸雄，他的脑袋好使。在撤退的路上，他让兵马走在前面，辎重跟在后面。这个辎重队伍可不小，除了供应自己所带的千余人马的吃喝外，还有从白马撤出来的军械、粮草、牲畜和其他贵重物品。他已经放弃了白马，城里的人能走的都打发走了，城里的东西能带的都带走了。

曹操这样撤退，让很多将士都疑惑不解：辎重在后面，没有军兵保护，追兵来了，不是要全被抢去吗？谋士荀攸从曹操胸有成竹的神态里猜透了他的心机，想要跟众人解释，却被曹操一个含笑的眼神制止了。

果然,曹操刚到南阪,设在山上的瞭望哨就报告说,袁军的追兵到了。曹操登高一望,后面已是烟尘滚滚,一队骑兵狂奔而来。

曹操身边的将士都很着急,劝曹操赶快把辎重转移,哪知,曹操却不慌不忙,反倒要骑兵都下马,解衣卸鞍,就地休息,故意让追兵看见。

赶来的追兵正是文丑带领的六百骑兵,文丑看见前面山上的曹兵毫无防备,又见眼前的辎重这么多,就下令先把这些东西抢过来。

其实,文丑所带的兵士看见眼前的辎重这么多,什么东西都有,个个都有些眼红,听了文丑令下,立刻扑入辎重车队之中,身上带,马上驮,转眼之间,已经乱不成军。

曹操一见时机已到,一声令下,所有的骑兵步兵同时出击,如同饿虎扑食般杀向只顾抢掠的袁兵。

此时,文丑已无力组织自己的兵马应战,只能领着身边的几个亲信拼死厮杀。人到了不怕死的地步,就会凭空增添许多勇气。文丑知道自己中了曹操的诡计,心里又恼又恨,一肚子的火气全都使到了手中的那杆双钩枪上,他纵马冲进曹军当中,一杆枪左挑右刺,横冲直撞,转眼之间曹兵已死伤无数。

曹操在远处看见文丑无人可挡,就对身边的将士大声说:"文丑乃是河北的名将,谁去与我擒来?"

徐晃和张辽应声出马,大叫道:"贼将休得撒野!"双双奔向文丑。

文丑见有二将同时奔来,也不搭话,放下双钩枪,从马肚上取过弓箭,对准张辽一箭射去。张辽低头躲去,头盔上的簪缨却被射掉。张辽正欲加鞭迎上,不想,文丑又是一箭,射在了马头上,那马前蹄一软,跪倒在地,一下子把张辽甩了出去。文丑拍马朝张辽奔来,徐晃一见张辽危险,急忙赶过去,截住文丑厮杀起来。

这时候，后面的袁军有一部分赶到，加入了和曹兵的格斗之中。文丑见状，越战越勇，几个回合下来，徐晃已抵挡不住，只好拨马退回。

文丑的援兵越来越多，士气越来越盛，眼见就要取胜的曹兵逐渐落了下风。

文丑领着他的兵马沿着河岸疯狂地追杀曹兵，无人可挡，势如破竹。

突然，从一个土阜上闪出一面大旗，旗上的"汉寿亭侯关云长"七个绣金大字迎风招展、耀眼夺目。

关羽只带着十几个亲兵朝文丑如飞般扑来。关羽大喝着："贼将休走！"挥动着青龙偃月刀，直奔文丑。

文丑虽然是河北的名将，但在关羽面前，却真应了那句话：关公门前耍大刀。他不是关羽的对手，没战几个回合，他便力不能支，只好拨马急逃。

文丑很倒霉，他虽然跑得挺快，但关羽骑的是赤兔马，追他易如反掌。转眼之间，关羽已到文丑跟前，刀光一闪，文丑的人头已滚落在地。

此时，刘备刚刚渡江赶来，只见前面败退的袁兵蜂拥而来，远处，追兵高举的那面大旗，"汉寿亭侯关云长"几个字已清晰可见，

刘备像是明白了什么，立即领兵，原路退回。

这正是：

龙争虎斗谁为首？巧施谋计胜一筹。

千古兵家成败事，霸王遗恨至今留。

第十五回　杀二将云长封侯　明一理曹操逼婚

袁绍带着大军赶到黄河边上，刚刚扎下营寨，前边就有文丑的败兵跑回来，报告说：文丑被曹操的那个红脸长须的大将给杀了！他们都看清了，那个红脸长须的大将打的大旗上写的是"汉寿亭侯关云长"。

袁绍一听，顿时大怒，骂道："大耳贼，竟敢这样骗我？我决饶不了你！"

袁绍骂的就是刘备，刘备长得两手过膝、两耳垂肩。

工夫不大，刘备就领着人马回来了。袁绍一见刘备，立刻叫人绑了，推出斩了。刘备这回没有哭，他知道是关羽杀了文丑，再哭也没用了，在路上，他就想好了该对袁绍怎么说。当刀斧手推着他往外走的时候，他挣过身子，大声对袁绍说："我有什么罪，你要杀我？"

袁绍气得拍着桌案说："你弟弟关云长杀了我的爱将颜良，如今又杀了文丑，还敢说无罪？"

刘备说："曹操早就想把我除掉，他知道我在明公处，怕我帮助你对付他，所以才让云长杀了二将，你必然要震怒，这样，他正好可以借你之手把我除掉，你若杀了我，岂不正中他的下怀？"

袁绍听他一说，不免有些犹豫："你说得倒也有些道理，不过，我的两个大将就这样死了，这仇也不能不报啊？"

刘备说："云长一定不知道我在你这里，我可以叫人带一封信去见云长，他知道了我的消息，必然会马上来找我，这样，他就可以和我一起为明公出力，共破曹贼！"

"玄德兄说得有理，若是有了云长，胜过十个颜良、文丑！"袁绍转怒为喜，叫人给刘备松了绑，请他上座，催促道，"那你就赶快给云长写信吧！"

当下，袁绍退兵武阳，暂且按兵不动，等候关羽的消息。

战事一停，曹操派夏侯惇带了一部分兵力守在官渡，其余的人马都跟他回了许都。

自打关羽走后，曹月娥就回到了刘备的老宅。她知道二位夫人的心情一定会很不好。刘备杳无音信、生死不知，唯一的指靠就是关羽，关羽又上了前线，战场上不是你死就是我亡，一旦出个闪失，回不来了，叫她们怎么办？曹月娥一直陪伴在二位夫人身边，一边说些宽慰的话，一边做着针线活儿。说不上为什么，她的心里总觉得空落落的。好几次，晚上她给二位夫人解闷儿，弹奏箜篌的时候，她都弹跑了音。

曹月娥在绣一件大红锦袍，二位夫人都知道这样的锦袍是结婚时新郎官儿穿的。糜夫人感到有些奇怪，问她是给谁做的，她说是小姐让她做的。不用说，这一定是给关羽准备的。

甘夫人看她做得那么认真、那么仔细，有一次，忍不住说道："谁娶了你做媳妇，会享一辈子的福！"

糜夫人半开玩笑地说："我家二叔成亲时，你就随你家小姐一起过来，给我家二叔做二房吧！"

曹月娥一下子羞红了脸，顺嘴说道："我才不做二房呢！"

"嗬，你是想做正房？"

"嗯,要做当然就做正房!"

"哈,你这丫头野心还不小呢……"

三个人都笑了起来。

关羽回来的时候,曹月娥正在给锦袍绣花。

关羽这次回来,显然心情很好,走路都带着一股风。他进院的时候,曹月娥和二位夫人正在前廊一边绣花一边聊天。他大步流星地直接走到二位夫人的面前,朗声说道:"嫂嫂,我回来了!"

甘夫人和糜夫人已经站起来,几乎同时说道:"二叔,看你这高兴劲儿,一定是打了胜仗!"

关羽捋了一把髯须说:"这次出战,我杀了袁绍的大将颜良和文丑,朝廷还封我为汉寿亭侯。"

甘夫人说:"你可打听到了皇叔的消息?"

关羽摇摇头说:"嫂嫂不用担心,我和曹丞相约定,不立战功不离去。如今我已报答了他的厚恩,一旦得知皇叔的消息,我们就可以立即前去相会。"

糜夫人说:"虽然还没有打听到皇叔的消息,但二叔立了功,毕竟是好事,绿珠,你去准备酒菜,给二叔接风洗尘。"

工夫不大,曹月娥端上了酒菜。糜夫人让摆在前廊的条桌上,说:"二叔,今天是个可喜可贺的日子,我和你大嫂陪你喝一杯。"

关羽说:"不敢劳驾嫂嫂,我代皇叔喝一杯吧!"

糜夫人招呼曹月娥:"绿珠,你也来敬二叔一杯!"

曹月娥端起酒杯,对关羽说:"关将军神勇无敌,小女斗胆敬一杯,愿将军和刘皇叔早日相会!"

曹月娥一饮而尽,呛得竟然流出了眼泪。

糜夫人忍不住笑了,说:"绿珠,你怎会这样?"

曹月娥擦着眼睛说:"小女实在不胜酒力。"

甘夫人关切地说:"不能喝,那就不要喝了。"

曹月娥放下杯子,说:"夫人,我想回相府一趟。"

糜夫人说:"你回去干什么?"

曹月娥说:"我想把锦袍拿回去,让小姐看一看有啥要指点的;再一个,我得把将军立功的消息告诉小姐,让小姐也高兴高兴!"

甘夫人挺感动地说:"这丫头,心可真细。那就回去吧!"

曹月娥收拾了一下,急匆匆地走了。糜夫人望着她的背影,有些疑惑地自言自语道:"这丫头怎么了,好像有点不高兴呢?"

曹月娥回到相府的时候,曹操也正在独自饮酒。

曹操很高兴。他和袁绍的这一仗,准备得很仓促,只是想暂解一下燃眉之急。没想到,这一仗却让袁绍连折了两员大将,惨败而退,一时半晌不敢前来冒犯,这样,就给了他在官渡和袁绍决一死战的准备时间。更让他得意的是原本不想让关羽出战,怕关羽打了胜仗有了离去的机会。但是,关羽并不知道刘备在袁绍那儿,杀了袁绍的两员大将。袁绍知道了是刘备的结拜兄弟关羽杀的,说不定一怒之下就会杀了刘备,即使不杀刘备,关羽知道了刘备在袁绍那儿,他也没法到袁绍那儿和刘备会合,去了就是找死。这样,关羽就会无处可去,自然就会留在这里。

曹月娥回到家,立刻去见曹操。

曹操看见女儿努着嘴、绷着脸,感到很奇怪。

"女儿,你怎么了,这样不高兴?"

"女儿有什么可高兴的?"

"爹爹打了胜仗呀,还不值得高兴!"

"只怕爹爹高兴得太早了!"

曹操有些不悦:"女儿,此话怎讲?"

曹月娥说:"爹爹,你不该让关云长出战,给了他离你而去的机会。"

曹操说:"我手下的大将甚多,却都不是颜良、文丑的对手,让关羽出战实是不得已而为之。"

曹月娥说:"关将军和你约定,要立了功才离去,如今他要走了,你还有啥借口留住他?"

曹操笑了,拍了一下女儿的肩头说:"傻孩子,你不知道,正因为他立了功,才自断了离去的路。刘备在袁绍那儿,关羽杀了袁绍的两员大将,还怎么敢到袁绍那儿去找刘备?"

"爹爹,你这是聪明反被聪明误,要是袁绍算明白了账,就会知道一个关云长顶过多少个颜良和文丑,他能不要吗?"

曹操一拍脑门儿,跺了一下脚说:"哦,真是百密而一疏,千虑而一失,我是糊涂了,怎么没想到这儿呢?"

"爹爹,你既然把女儿许配了关将军,他若是走了,从今往后与爹爹即使不是势不两立,也会形同陌路,女儿该怎么办?难道还要我像姐姐一样?"曹月娥说到这儿,眼里已是泪光闪闪,哽咽难语。

曹操端起一杯酒,仰脖喝下,把酒杯往桌上一蹾,大声说:"女儿,你不用难过,爹爹知道该怎么办,你回去歇息吧。"

曹月娥回房了。曹操命人叫来张辽,对他说:"你去告诉云长,他刚刚立了战功,我要喜上加喜,让他与我女儿速速成婚。"

张辽有些不解:"丞相,此事是不是有些过于匆忙?"

曹操说:"你知道我答应过云长,一旦知道了刘备的下落就放他走,他也许诺不立功不走,如今,他要是知道了刘备的下落,就要离我而去,我又不能言而无信。文远,你知道我是实在舍不得放他走,才不得不出此下策。"

张辽点着头说:"丞相的心思我明白了,只怕是如此仓促,云长他未必应允。"

曹操说:"张将军,在我这里,只有你和云长交情甚厚,此事全仗你费心了!"

这正是:

知恩图报真君子,心存旧念志不矢。
杀敌建功为离去,唯恐觅音聚亦迟。

第十六回　刘备捎书思义弟　关羽辞婚会皇叔

正当张辽提着龙湖老酒准备去看关羽的时候，想不到却有一个人捷足先登，这个人就是刘备原来的管家孙乾。

刘备和张飞出城去夜袭曹营的时候，徐州城就由孙乾负责守着。哪料到，当曹操的兵马打败了刘备和张飞，打着灯笼火把来到徐州城下的时候，混进城里的曹兵早已打开了城门。孙乾知道大势已去，只好弃城而逃。

孙乾对刘备可说是忠心耿耿，他知道刘备已被曹操打败，不知跑到了哪里，但他却一直在四下里打探着消息。当他知道刘备在袁绍那儿，立马就赶了过去。他见到刘备的时候，刘备正在为给关羽送信的事犯愁。刘备在袁绍那儿，身边没有一个亲信，他口头上答应袁绍把关羽招过来，实际上他也不想留在这儿，他知道袁绍是个成不了大器的人，在这儿自己的性命随时都会不保，他得找个机会离开。他知道了关羽的下落，不想让关羽留在曹营，但也不想让关羽来到袁绍这儿。他想把这个意思告诉关羽，却苦于身边没有可以信赖的人把这个消息带过去。

孙乾来得正是时候，当下，刘备写了一封书信，交给孙乾，让他尽快地去见关羽。

刘备的信是这样写的：徐州一别，音断信绝，生死不知。近日方知贤弟在曹操那里备受重用。我与贤弟桃园盟誓，本欲同生共死，谁知中途生此变故，你投曹贼，已取功名，我投袁绍，却属无奈。如果因此恩断义绝，我愿献上我的首级成全你。身在两地，书不尽言，只盼回音。

孙乾晓行夜宿，急匆匆地赶赴京都，趁着天黑，悄悄地来到刘备的老宅。

关羽在二位夫人那里请过晚安，正要回房，却见门丁领进来一个人。关羽见了一愣。

"公祐，你……？"

公祐是孙乾的字。

孙乾紧走几步，上前抓住关羽的手，连连摇了几下，没有说话。关羽知道了孙乾的意思，忙叫门丁退下，领着孙乾进了自己的住屋。

"公祐，你怎么来了？"

"是刘皇叔让我来的！"

"啊，皇叔他现在哪里？"

"刘皇叔现在袁绍那儿。"

关羽一时又惊又喜，喜的是他终于知道了刘备的下落，惊的是他和袁绍的军队打了好几仗，却想不到刘备就在袁绍的军中。

孙乾把刘备的信交给关羽，关羽看罢，羞得满面黑红，捋着髯须声音颤抖地说："我关某堂堂七尺男儿，怎会做那贪图功名、背信弃义的小人呢？当初，若不是二位嫂嫂身陷曹营，我宁可战死也不会降曹。降曹那时，我已与曹操约定，无论何时得到皇叔的消息，我都要立刻就走。如今我已知道皇叔在袁绍那里，我这就辞了曹公，和二位嫂嫂同去会见皇叔。"

孙乾连忙说道:"关将军切勿着急,刘皇叔让我告诉你,他近日就要离开袁绍,等皇叔有了新的落脚点,你再去也不迟。"

关羽点头称是,写了一封信交给孙乾带回。他在信中略述了降曹的原因和思念之苦,并说时刻盼望着早日相聚。

孙乾连夜往回赶,临走叮嘱关羽,还要假装不知刘备的消息,就连二位夫人也不要告诉,免得生出意外。

孙乾走的当天早晨,关羽正要出门到相府去应酬,张辽来了。

曹月娥也跟着张辽一起来了。

曹操不同意月娥再到关羽那里。他对女儿说:"都要出嫁了,还去抛头露面,将来传出去,不但有失身份,也不好收场啊。"

月娥说:"我是怕张将军一人难以胜任,我去助他一臂之力。"

曹操说:"你能帮他什么?"

月娥很认真地说:"张将军去说服关将军,我去说服二位夫人,关将军若是借口刘备不在,无人做主,我就可以让二位夫人出面。关将军就无法再推托了!"

曹操不由得笑了,爱抚地点着月娥的头说:"你这鬼丫头,比爹爹想得都周到。"

张辽随着关羽进了屋,曹月娥直接去了二位夫人的住房。

张辽还没落座,关羽就开口说道:"文远兄,这么早赶来,一定是有要事相告吧?"

张辽满面带笑地说道:"我这回可要来喝你的喜酒了!"

关羽说:"此话怎讲?"

张辽说:"你杀了颜良、文丑,朝廷封你汉寿亭侯,可谓一喜吧?"

关羽说:"我和曹丞相有约,不立功不会离去,我杀了颜良、文丑,只不过是兑现了我的诺言,我知道了皇叔的消息就可以离去了,对我是喜,对曹丞相可未必是喜呀!"

张辽说:"不管怎样,这总是一喜,酒还是要喝的。"

关羽说:"就为这个?那好说,我这就叫人去安排酒菜!"

张辽拦住了关羽,说:"你先别忙,我话还没有说完。曹丞相打算借此良机,把你和他女儿月娥的婚事办了,来个喜上加喜,双喜临门,你说,我这喜酒是不是该喝呀?"

关羽说:"文远兄,只怕这个喜酒你喝不着了!"

张辽摇摇头说:"老弟说什么笑话,我怎么会喝不着你的喜酒?"

关羽一本正经地说:"我早已有言在先,这事要由皇叔做主,见不着皇叔我是不会成婚的。"

张辽有些着急地说:"照你这么说,一辈子见不着刘皇叔,你就一辈子不成婚了?"

关羽说:"我成不成婚,你着什么急呀?"

张辽说:"我这不是为你着急吗!"

关羽嘿嘿一声冷笑,说:"只怕有人比你更着急吧?"

这工夫,甘夫人和糜夫人推门进来,糜夫人接着话音说道:"二叔,我和你大嫂就为这事着急呢!"

"这……"

"这什么?这些日子辛苦了你,身边早该有人陪伴你,照顾你。"糜夫人回身对曹月娥说:"绿珠,你说,月娥小姐是不是也着急嫁过来?"

曹月娥红了脸,低头轻声说:"我听小姐说过,小姐很仰慕关将军的为人,很想和将军早日相聚,侍奉将军。"

甘夫人轻轻叹了一声，对关羽说："难得小姐这样贤惠，皇叔不在，我和你二嫂做主，不妨先把这婚事办了……"

"二位嫂嫂，这事使不得！"没等甘夫人说完，关羽就截断了她的话。

"这事怎么使不得？"糜夫人说，"皇叔他不在，我和你大嫂就能做主。看着你这么劳累，我们都于心不忍，希望有个人能照顾你。听绿珠说，曹小姐那么好，我们都盼着她能早点嫁过来，跟我们也是个伴儿。"

"二位嫂嫂，你们不知道，皇叔他有消息了！"关羽一着急，把本不想说的事说了出来。

甘夫人大惊失色："二叔，皇叔他在哪儿？"

"皇叔他在袁绍那里。"

糜夫人埋怨道："你知道皇叔的消息，怎么不早告诉我们？"

关羽说："我也是刚刚知道的。我原本想过一段时间去找皇叔，等走时再告诉你们。曹丞相既然这么着急让我成婚，就说明他早就知道皇叔的下落，我想文远兄，还有绿珠都知道，他们都瞒着我，无非是怕我离去。事已如此，我不走也得走了！"

张辽有些难为情地说："云长老弟，我不是有意瞒着你，我是……"

关羽一挥手，打断了他的话，说："文远兄，你我是各为其主，我不怪你。"

曹月娥近前一步，说："我家小姐不让我把这个消息说出来，是为将军着想。刘皇叔在袁绍那里，你杀了袁绍的大将，你去那里，袁绍怎会容你？"

关羽圆睁二目，一手捋起髯须，猛地一甩，大声说道："大丈夫顶天立地，岂为个人安危畏缩不前？只要能够见上皇叔一面，即使一死，也在所不惜！"

"云长老弟，切不可意气用事！"张辽惶恐不安地说，"此事还应从长计议，想一个万全之策。"

关羽一挥手，坚定地说："我意已决，请文远兄回去禀报丞相，我来得明白，走得也要明白。我即刻就要向丞相告辞，请他信守前言，放我离去！"

这正是：

水转百折向东流，意在千里不回头。

纵使万难何所惧？粉身碎骨壮志酬。

第十七回　别汉相封金挂印　送郎君留书传音

关羽决意要走，他怕夜长梦多，恨不得立刻就到刘备身边。他命人收拾随身携带的物品，准备二位夫人乘坐的车舆，把曹操赠送的金银财物和送给二位夫人的绸缎衣物，都集中到一起，原封不动地摆在一个屋里。

关羽不想悄悄地一走了之，他要走得堂堂正正。尽管他知道张辽肯定会把他要走的消息告诉曹操，曹操可能不会放他走，但他也还是要去向曹操告别，哪怕曹操反悔了，甚至把他杀了，他也要这样光明正大地去做。

这天早晨，关羽来到相府，准备向曹操辞行。谁知，相府大门紧闭，平常守在大门两旁的门丁也不见了。关羽感到有些奇怪，细一看，才见大门上挂着一块回避牌。

关羽心想，曹操家里可能发生了什么大事。

关羽回去了。

第二天早上，关羽又来到相府，大门上还挂着回避牌。

关羽心里有些纳闷：曹操家里到底发生了什么大事呢？

关羽连着来了几次，相府始终是大门紧闭，回避牌高挂。

关羽明白了，这是曹操不想见他。

关羽不想再等了,他想跟张辽说一声,让张辽转告曹操。不承想,张辽的府上也是大门紧闭。守门人告诉他,张辽病了,概不会客。

关羽知道张辽也在有意躲着他。

无奈之下,关羽回到住地,提笔给曹操写了一封信。信是这样写的:云长和皇叔,早已结盟,誓同生死,天地可鉴,弃义当诛。下邳失守之时,曾和丞相约请三事,皆蒙恩允。今已探知皇叔在袁绍军中,昔日盟约,岂能违背?我知丞相待我不薄,但新恩虽厚,却旧义难忘。当面辞别,不得幸见,故留此书,望祈见谅。余恩未忘,翌日待报。

关羽把写好的书信放在桌上,又把"汉寿亭侯"的金印用绸带悬挂在房梁上,然后,提上青龙偃月刀,牵出赤兔马,请二位夫人上了轿车。

关羽只带了原来的十几个家人,把曹操派过来的用人和使女全部留下了。二位夫人商量了一下,对关羽说:"二叔,把绿珠带上吧!"

关羽说:"此去再难回头,走得定要干净,不留念想,丞相送过来的东西什么都不能带。"

糜夫人说:"绿珠这孩子实在难得,留在我们身边正好是个伴儿。"

关羽正在犹豫,曹月娥却近前一步,说道:"关将军,您不想让曹小姐和您一起走吗?"

关羽把头一摇:"我们这次走,就是要和曹丞相割断干系,曹小姐是曹丞相的女儿,怎么可以带她走呢?"

曹月娥说:"既然关将军不想带小姐一起走,那么,我也不能和你们走。"

关羽双拳一抱说:"有劳你转告你家小姐,并非关某嫌弃小姐,实是要和皇叔相聚,不得不抛弃儿女情长,望乞见谅。"

曹月娥淡然一笑:"关将军,你说得很轻巧,真的就能这么一走了之吗？"

关羽正色说道："难道谁还敢阻拦我吗？"

曹月娥说："即使丞相不阻拦你，他的部下能那么轻易地让你走吗？"

关羽把刀一横，昂然说道："我意已决，他们谁能阻挡我？"

曹月娥说："将军即使再勇猛，也是人单势孤，路途遥远，凶险莫测。你自己可以脱身，二位夫人该当如何？"

糜夫人着急地说道："绿珠，依你说该怎么办？"

曹月娥说："你们不妨先走，我回去告诉小姐，如她愿意跟随将军，我和她就会随后赶来。有小姐随行，谁也不敢前来为难。"

关羽带着十余名家人，护送着二位夫人的车舆上路了。曹月娥的话让他在心里觉得好笑。曹操怎么会让女儿跟他走呢？一个丞相的千金小姐怎么会愿意跟他走呢？

曹月娥回到相府的时候，曹操已经知道关羽闯出了北门。

大堂上聚满了曹操的文臣武将，众人议论纷纷。程昱对曹操说："丞相这样厚待关羽，他却不识抬举，留下只言片语，不辞而别，实在无理。倘若这样放他走掉，让他投了袁绍，岂不是为虎添翼，莫若就此把他杀掉！"

大将蔡阳应声而出，愤愤地说道："末将愿带三千人马，前去把他擒来，献与丞相！"

曹操挥手呵斥道："休得鲁莽，关云长不忘旧主，来去坦荡，乃君子所为，你们该当效之。我已有言在先，他去随他，谁也不许阻挡。"他转过身对张辽说："云长挂印封金，财贿不动心，爵禄不移志，这样的人实在令人佩服。我曹某一生中敬重的人不多。他虽走了，我还是想送个人情。我估计他走得不会太远，你去撵上他，让他留步，就说我随后就到，要亲自给他送行，给他带去一些盘缠。秋已到，天已凉，再赠他一件战袍，算作纪念吧！"

张辽领命走了。曹月娥在大堂的帐幕后，看见蔡阳把几个人拉到一边，偷偷地商议着什么，她心生疑问，悄悄地从暗处溜过去，听了几句，便脸色大变，急匆匆地走了。

关羽一行出了北门，虽然他不断地催促家人快走，但是二位夫人乘坐的车舆想走也走不快。赤兔马放不开四蹄，急得直跑地，咴咴打响鼻儿。

走出约有十余里，前面就是一座小桥。关羽刚刚勒马上桥，就听身后有人高喊："云长留步！"

关羽回身一看，张辽一人打马追来。

"文远兄莫非是来追我回去吗？"

"是丞相命我来请云长留步，丞相特意要来为你送行。"

"你去回复丞相，云长不辞而别，多有得罪。他的心意我领了，让他请回吧！"

说话的工夫，又有一人骑马狂奔而来。到了跟前滚鞍下马，张辽见是曹月娥，惊愕地问道："小姐……"

"小姐让我来给关将军送行。"曹月娥截断了张辽的话，擦了一把额头上的细汗，径直来到关羽的马前，递上一封信，急切地说："关将军，你看一下小姐的信吧，我这就回去了。丞相领人这就到了，我不能让他们看见。"

曹月娥回身上马，紧加几鞭，从另一条小道上走了。

关羽打开信，信上写道："小女与将军虽未成婚，但有家父做主，张辽为媒，名分既定，此生绝无更改。将军远行，路途凶险难测，本该追随相伴，怎奈还有妾身应办之事，一俟事毕，自当与君速速会合。今令绿珠捎去此信，告知将军，家父前去送行虽是真心，他人难料并无歹意，凡有赐物，不可下马接之，切记切记……"

关羽看完，正在狐疑，只见远处一片尘土飞扬，马蹄声由远而近。曹操带着几十个将士飞奔到跟前。

关羽横刀在手，看见曹操已令将士排成两行，所有的人都没有带兵器，曹操从中间纵马过来，高声说道："关将军为何走得这样匆忙，等不及我为你送行？"

关羽在马上欠身说道："云长只因得到皇叔的消息，急于相见，几次到相府去告辞不成，不得已才这样走了，请丞相勿怪！"

曹操笑道："难得将军这样重情，我曹某十分敬佩。将军不辞而别，是怕我有食前言，我要那样，怎么取信于天下？只怕将军仓促远行，途中花费缺乏，特来送些银两。"

曹操回身命一军士端上一盘黄金。关羽连忙说道："感谢丞相如此费心，云长平日尚有些积蓄，途中够用。留着这些黄金犒赏军士吧！"

这时，又有一个军士下马，双手捧着一件战袍走过来。曹操说："云长乃天下义士，恨我无缘留住，谨送战袍一领，留作纪念吧！"

那军士托着战袍来到关羽的马前，厉声说道："请将军下马！"

关羽看那军士身躯猛壮，面露凶气，猛然想到曹月娥信中所嘱，掉过刀，用刀尖挑住战袍，轻轻一抖，把战袍收到马上。就在这时，那军士的手上露出了战袍罩着的一把短剑，只听他一声大吼，持剑扑向关羽。关羽早已有所防备，未等那军士近身，他厉喝一声，手中的青龙偃月刀抡空砍下，刀锋正搭在那军士的脖颈上，却没有劈下。那军士已吓得脸色骤变,手中的短剑"啪"地掉在了地上。

这是一把浸了剧毒的短剑,人被刺中,沾血即死。

事情发生得太突然了,曹操和他同来的将士全被惊得目瞪口呆。

关羽怒目对着曹操说:"丞相要是不放过关某,杀剐皆随其便。岂可用此小人之举?"

此时,曹操已经缓过神来,他下马拾起地上的短剑,猛地刺进那军士的胸膛。

"关将军,此事实出意外,绝非我曹某所使。万勿多疑。"曹操满脸愧色,对着关羽一躬到地。

关羽赫然一声冷笑:"丞相一片真心,云长岂能不知?今日就此告别,无须再送!"

曹操一时无语,两旁的将士纷纷跳下马,拥到他的身边。他突然一声怒喝:"你们要干什么?都给我滚回去!"

这正是:

强留硬送本真情,事愿相背两难成。
一纸薄书千斤重,遥助归途无逆风。

第十八回　关云长过关斩将　曹月娥易死重生

已是深秋，一阵凉风一阵雨，地上草木凋零，天上雁鸣凄厉。

关羽一行走得很慢，尽管一路上是晓行夜宿，马不停蹄，人不止步，但是关羽不忍心让二位夫人受到颠簸，太过劳累，走路只能挑着平坦的大路，不好走的小路再近，也只好舍弃。更为难走的是一道道关卡，每过一道都要经过一番生死搏杀。

从许都到黄河口，路途不足千里，却要经过东岭关、洛阳、汜水关、荥阳、滑州等十几座城池才能到达黄河渡口。

关羽在东岭关首先遭到了守将孔秀的阻拦。孔秀听说关羽要到袁绍那里，便说："袁绍是我家丞相的死对头，将军要去，须有丞相的公文方可放行。"

关羽说："我走得着急，没来得及讨要公文。"

孔秀说："你要过去，就先留下家眷，待我禀报丞相，方可放行。"

关羽大怒，举刀和孔秀厮杀起来，不过两个回合，一刀把孔秀斩落马下。

关羽过了东岭关，直奔洛阳。洛阳太守韩福已经接到军士来报，知道无法硬拦挡，便在城门口设下埋伏。关羽来到城前的时候，韩福派出牙将前去交战，引至近处，藏在门旁的弓箭手一齐放箭。关羽躲避不及，左臂中了一箭。关羽忍痛驱马，挥刀斩了牙将，随后冲进关去，迎面正碰上从城楼上下来欲要逃走的韩福，一刀砍去，将韩福从肩头到下胯斜劈为两半。

出了洛阳，关羽连夜赶往汜水关。把关守将卞喜暗设一计，在关前镇国寺里埋伏下二百名刀斧手。待到关羽来到关前，卞喜亲自前去相迎，说些敬仰奉承的话。关羽很高兴，随他进了镇国寺。寺里的住持普净经常出去云游，知道关羽的很多事，对关羽很敬重，他把关羽引进方丈，一边设茶款待，一边手碰戒刀，目视两侧墙壁的帏幕。关羽已知其意，叫左右持刀紧跟。这时，卞喜来请关羽到法堂入席。关羽正色说道："卞君宴请关某，是好意还是歹意？"卞喜见事已败露，急喝刀斧手动手。没等埋伏的刀斧手近前，关羽手起刀落，孔秀已经人头落地。刀斧手四散而去。

关羽谢了普净，没敢停留，护着二位夫人的车舆，急速地朝荥阳方向奔去。

荥阳太守王植和洛阳太守韩福是儿女亲家，他得知关羽杀了韩福，心里便打好了谋害关羽的主意。他到关前很远的地方去迎接关羽，赔着笑脸说："将军一路辛苦，夫人车上劳累，我已安排好驿馆，请到城中歇息一夜，明天再走也不迟。"关羽见他很殷勤，说得也很诚恳，就跟他进了城。王植要设宴款待关羽，关羽推辞说："天太晚了，不便打搅，明天一早还要赶路。"王植把饭菜送到驿馆，众人吃完，关羽请二位夫人入房歇息，其他人也都喂好马匹，赶紧睡了。王植这边却在密令从事胡班调集一千军兵，搬运柴草，围住驿馆，三更时一人一个火把，一齐点燃柴草，放火烧死关羽一行。胡班早就知道关羽的大名，只是未见其面，他出于好奇，一个人偷偷溜到驿馆，想要看看关羽长什么模样。他悄悄地来到正厅,看见关羽手捻髯须,正在灯下看书,那样子犹如一幅神像。他不由得惊讶出声:"真是神人呀!"关羽抬头见他,问道:"你是何人?"胡班近前说道:"我是荥阳太守从事胡班。"关羽问他:"你可认得许都城外胡家庄庄主胡华?"胡班说:"正是家父。"关羽说:"我在胡家庄借住,你父托我带了一封信。"关羽把信交给胡班,胡班看后,惊讶地说:"险些误害忠良!王植要放火烧死你们,你们赶快走,我去打开城门!"关羽叫起众人,护着二位夫人的车舆,出了驿馆,直奔城门。胡班已把城门打开,关羽出城紧走,不过数里,王植带兵追到,大喊:"关某休走!"关羽怒在心头,也不搭话,回马抡刀,把王植砍为两段。

黄河就在眼前了。渡口是渡过黄河的最后一道关卡。守将秦琪领着精兵挡住了关羽一行。

"来者何人?"

"汉寿亭侯关云长!"

"要去哪里?"

"河北去见皇叔刘玄德。"

"可有丞相公文?"

"我不受丞相节制,哪来的公文?"

秦琪厉声说道:"我奉命守关,没有通行文书,任何人都不许经过,将军请回!"

关羽怒喝道:"我一路到此,无人能挡,赶快让我过河!"

秦琪纵马过来,大叫道:"有我在,你插翅难逃!"

俩人马到一处,两刀相交,转眼之间,秦琪人头落地。

关羽登上了渡船,面对着滔滔的黄河,想到就要和日思夜想的皇叔相见，他不由得松了一口气。

曹操送别关羽回到府上，心情一直很郁闷。他觉得自己做了一件很蠢的事情。当初，为了留下关羽，他遭到了一些人的反对，如今，他要放走关羽，又受到了一些人的阻挠。尤其是有人借着赠送战袍的机会想要暗害关羽一事，让他颜面尽失。他不想追究是何人所为，因为他知道那些人的用心。听到关羽一路过关斩将的消息，他的心里有一种说不出的滋味。难倒真像有些人说的那样是养虎为患，放虎归山，早晚是害吗？

张辽曾来问："丞相要是真打算让关羽走，是否给各个城关发放通行文牒，以免再伤无辜？"

曹操未置可否，他的心里很矛盾，说不清是想让关羽能够顺利地走，还是在中途被杀掉。

曹操连续几天没有上朝理政了。这天，他又拿出了那把古筝，想要弹点曲子，排解一下心中的烦恼。他弹拨了几下，总觉得音不准，紧了一下琴弦，"啪"地一声崩断了，他气恼地把古筝撇了出去。

"爹爹——"

曹月娥已经在曹操的身后站了半天。曹操回过身来，"哦"了一声："你怎么来了？"

"爹爹是为关将军的事情烦恼吧？"

曹操看见女儿面带愁容，心中一动，问道："女儿可是为父担忧？"

曹月娥走到曹操跟前，低头说道："爹爹可曾为女儿想过没有？"

曹操感到有些奇怪："什么事让女儿这样犯愁？"

"爹爹做主，张将军做媒，把女儿许配给关将军。如今，关将军走了，女儿该怎么办？"

"这算什么事？关云长离我而去，我没杀他，就已够大度，难道还要我女儿去与虎为伴，与我为敌？"

"莫非爹爹还要女儿像姐姐月娇一样吗？"

曹操摆了一下手，不耐烦地说："我为国事都操不过来心，哪里还顾得了这些儿女情长的区区小事……"

曹月娥感到一阵痛彻心扉的冰冷，曹操还说了些什么，她都没有听见，泪眼模糊中，她已看不清眼前这个和她血肉相连的人的模样。

关羽过了黄河，连日向北急走。途中忽遇孙乾匆匆赶来，告知刘备已经离开袁绍，去往汝南。关羽立刻转向，又往南走。

曹操的大将蔡阳带领几百精骑挡住了去路。

蔡阳指着关羽大叫道："丞相赠袍，没有借机杀掉你，你反倒杀了我的外甥秦琪，逃到这儿来，我今奉了丞相指令，特来擒你！"

关羽让孙乾带人护着二位夫人退后，随即纵马冲入敌群。

蔡阳的百余精骑团团围住关羽，展开了走马灯似的拼杀。赤兔马跑过一圈，关羽的刀下倒下一片。几圈下来，人和马都被喷溅的鲜血染成了红色。

只剩下蔡阳和关羽面对面，俩人都红了眼。不怪蔡阳不服关羽，俩人交手十几个回合，还没有分出胜负。

赤兔马的前胛被蔡阳刺中了一枪，痛得"咴咴"直叫，关羽觉得这一枪比刺在自己身上还痛，他大吼一声，赤兔马前蹄跃起，青龙偃月刀凭空摆过，蔡阳的人头飞出一丈多远。

满眼横尸，遍地血红。关羽瘫坐在马背上，一点力气也没有了。

迎面又跑过来一骑，骑马的人一身素衣。

关羽拼着最后的一股力气，擎起了沉重的青龙偃月刀。

来人到了跟前,关羽看清了,是绿珠。她身上背着那把九弦箜篌,腰间挂着那把青釭剑,手里捧着一支令箭。

"绿珠,你怎么来了?"

曹月娥下了马,来到关羽的马前,气喘未定地说:"小姐是怕将军路途遥远,人单势孤,沿途受到阻拦,特盗了令箭一支,让我送来,我来晚了,让将军吃了许多辛苦。"

关羽接过令箭,冷笑一声,说道:"回去替我谢谢你家小姐,她的心意我领了!"

"关将军,我不能回去了。"曹月娥流出了眼泪,拿出一封信,递给关羽,说,"我家小姐已经自尽身亡,她死前让我把这封信交给将军。"

关羽接过信,信上写道:将军见字如面,诀别在即,万语千言,纸短难诉。将军知妾仰慕之心思恋之苦乃是一厢情愿,然妾粗知礼义,家父纵为奸相,妾却未必就是贼女。即使将军嫌弃贱妾,名分已定,无缘伴君,必将以死相随。唯求来生,再续前缘。只是放心不下将军孤身远行,故命绿珠前去,有她在君旁,就如我在,此愿如遂,九泉之下心亦稍安……

关羽看罢,半晌无语。曹月娥又从马上拿来一个布包,取出那件绣袍,从袍里抽出一缕青丝,交给关羽,哽咽着说:"这是小姐特意留给将军的……"

关羽俯身接过那绺一尺有余的乌发,双手举在眼前,看着看着,突然仰天长叹:"苍天哪,想不到曹家女儿这样对我,我却辜负了她……"

曹月娥看到,关羽托着那绺青丝的双手在颤抖,眼中流出了豆大的泪珠,顺着脸颊,顺着髯须,成串地滴落在马背上。

这是一个堂堂七尺男儿从心里流出来的泪水。经历了无数的风风雨雨,无数的生生死死,他从没畏惧,从未动容,此刻,面对着一个女人以死相托的真情,他平生第一次流出了泪水,是敬仰?是感动?是懊悔?是遗憾?他已无法分清。

"绿珠姑娘,我关某不会辜负了曹家小姐的心意,此生有你,就如她在身旁,请上马吧!"

曹月娥泪如雨下,痛哭失声。这哭声和泪水也是从心里发出来的,是悲哀、不幸,还是欣慰、幸福?她也分不清。她知道,从现在起,曹月娥真的死了,她要以另外一个女人的身份出现在这个世界上,和自己心爱的人相伴。

秋风飒飒,路途遥遥,关羽和绿珠并辔而行,黄河就在前面……

这正是:

男儿弹泪岂伤悲?爱恨有刃破铁锥。

舍死忘生无他求,淡泊一世两相随。

文君私奔

第一回　展才施情和《子虚》　穷途末路投王吉

女子私奔，大多是先喜后忧，没有完美的结局。卓文君和司马相如的私奔故事尽管那么轰轰烈烈、有声有色，成为千古佳话，但也逃脱不了凄凉的下场。不信，请看下文——

蜀地在汉朝是西南的边疆，和中原的交通、贸易往来都不是很便利。汉初，刘邦争不过项羽，便是躲在这里休养生息。后来，用韩信的明修栈道、暗度陈仓的奇谋回兵中原，逼得西楚霸王项羽乌江自刎，建立了大汉王朝。汉末，自称是中山靖王之后的刘备在诸葛亮的辅佐下，虽然几经挣扎，在这里建立了蜀国，但蜀国最终也没能逃脱灭亡的命运。蜀地真可谓是汉朝的兴亡之地。

蜀地最大的城市就是成都，到汉武帝的时候，还是个人口不多、商贸不兴的偏僻郡城。而离成都二三百里之遥的临邛，虽是一个更为偏僻的小县，却有一个富甲天下的大财主，这个人就是卓文君的老爹卓王孙。

卓家原本祖居赵国邯郸，那里是冶铁中心，七国争战之时，卓家就靠炼铁、打造兵器发了财。等到秦始皇灭了韩、赵、魏、楚、燕、齐六国，一统天下，禁止民间打造兵器，卓家才搬到临邛。从邯郸到临邛有几千里，卓家怎么会搬到这儿呢？其因有三：一是在邯郸买卖做不下去了；二是受不了秦王朝的横征暴敛；三是为了躲避官府的祸害，才要找一个秦王朝势力管不到的地方。最重要的一个原因是卓家太有经济头脑，临邛这个地方尽管偏僻，却有着发展冶炼业的得天独厚的地理优势。这里不仅有铁矿，还有盐井，盐是砌筑熔炉的必需品。更让人心动的是离这儿不远的古石山、铜官山盛产铜矿，可以铸造铜钱，这可是一本万利的好买卖。卓家在这儿很快发了家，到卓王孙手里，已经有良田千顷、用人上万，华堂连片，高车驷马无数。

卓王孙生有两儿一女，其女就是卓文君。卓文君17岁那年嫁给一个王孙之子，谁料那小子短命，卓文君过门没俩月，他就一命呜呼。那王孙之家暗怪卓文君克夫，又嫌她好动，怕她弄出什么不好的名声，就让她回到娘家去守节。卓王孙一直视女儿为掌上明珠，亲自给她挑选了一个王孙之家，是想让她过一辈子衣食无忧的富贵日子，没想到她这么年轻就成了寡妇，当爹的自然是很心疼，就把她接了回来。

卓文君不是一个平常的富家女子，她的美貌和才华也不是一般的出众。当地人都夸她眉色远望如山、脸际常若芙蓉、皮肤柔滑如脂，赞她贯通琴棋书画、文采非凡。虽然她是一个寡妇，但慕名慕色前来求婚者还是络绎不绝。卓王孙还想给女儿挑一个可心的女婿，不过，没像当初那么自作主张，而是都要先征求一下女儿的意见。卓文君可能是经过了一次婚姻挫折，对自己的终身大事有了主见，老爹跟她说的那几个，她一个也没看上。卓王孙看女儿对婚姻不上心，一天天在家操琴弄赋、读书写字、赏花观草，偶尔也做做女红刺刺绣，过得也挺开心,也就不再着急,反正女儿年纪还小,家里又不是养不起,晚几年出嫁也没啥。

这是一个天气晴好、阳光明媚的春日上午,临邛县令王吉的妹妹王杳像往常一样来和卓文君学琴。王家是临邛最大的官宦人家,卓家是临邛最大的富豪。两家来往是各有所求,也是门当户对。王杳和文君年纪相仿,又志趣相投,互相喜爱。王杳到文君家很随便,直入后院,来到花园。在两座红白各成一色的花池中间,摆放着一张紫檀雕帏的小桌,她俩就在这张桌前说笑玩耍、舞墨弄琴。今天,王杳还没坐下,就从怀里掏出一张纸,掩饰不住满脸的喜悦神色,高声对文君说:"你看,我给你带来了什么?"

文君接过来,搭眼一看,是一篇文章,名叫《子虚赋》。她高兴地说:"这是你写的?"

王杳急切地说:"你好好看看,我能写出这么好的文章?"

文君仔细地看了一遍,脱口赞道:"果然不错!不光字写得潇洒漂亮,文章也是构思奇巧,妙笔生花,假借子虚和乌有之口,夸山光水色之秀美,咏奇花异草之香艳,绘鱼虫鸟兽之千姿百态,亦真亦幻,虚实难辨,在愉悦和戏谑之中道出子虚乌有的一场玩笑,实在是个文坛高手。"

王杳拍着手说:"你知道这个人是谁吗?"

文君摇摇头说:"不知道。"

王杳有点责怪地说:"哎呀,你读了那么多书,怎么不知道他是谁?他就是大名鼎鼎的司马相如呀!"

文君淡淡一笑说:"什么死马活马的,我怎么就会知道?"

王杳噘着嘴说:"哎呀,我告诉你吧,司马相如可是我哥哥的好朋友,过几天就要来我家,我领你见见他。他不光文章写得好,那相貌也是英俊无比。"

文君在她额上轻轻点了一下,说:"听你把他说得这么好,是不是你心里有了他?"

王杳不由得红了脸说:"你别笑话我,等你见了他呀,说不定你比我还喜欢他!"

文君神色严肃地说:"不说笑话了,我告诉你,你不用担心,我不会去见他。但我想写一篇文章,托你交给他。"说罢,铺纸研墨,略一沉思,展笔行文,一口气写完几十行。

王杳在旁抻脖看着,忍不住惊呼道:"啊?《和子虚赋》!才子佳人,一唱一和,真是天上难找地上难寻的一对呀!"

"你胡说些什么?看我打你!"文君举着拳头做出要打的样子,王杳咯咯地笑着跑开了。

王杳说的是实话。司马相如真要来她家,找她当县令的哥哥王吉。

原本,司马相如和王吉是老乡,家都在成都,又在一起读过书。王吉比司马相如大几岁,俩人脚前脚后离开的老家。王吉是家里用钱给他买了个临邛的县官,司马相如是家里卖光了田产,让他到京城做了一个武骑常侍,说白了就是皇上的保镖,如有人刺杀皇上,他得舍出身子挨刀替死。他能干得了这个差使,说明他学过武艺,会两下功夫。在皇上身边当差,尤其是这种近身护卫的差使,最起码得受到皇上的信任,很容易得到提拔。可是,司马相如对这个差使没兴趣,他喜欢的是舞文弄墨,偏偏汉景帝不喜欢这一套。司马相如干了一段,觉得实在没意思,就辞职不干,跑到汉景帝的弟弟梁王那儿去了。梁王这个人外貌虽然不雅观,说话也很粗鲁,但却喜欢附庸风雅、结交文人,身边聚集了不少舞文弄墨的名士。司马相如混到这些人中,整天舞文弄墨,倒也觉得有些乐趣。可是,他也感到很苦恼,这样浑浑噩噩地过下去哪有出头露脸、扬名显姓的日子?

有一天,梁王带着他们这一帮人出去打猎,跑了半天,也没什么大的收获,梁王很失落。司马相如觉得机会来了,立马写了一篇《子虚赋》,讲一个楚国人子虚随齐王到云梦打猎时,齐王向他打听楚国的情况,子虚就极尽炫耀地称赞楚国的广大和富饶,说齐王来打猎的地方都没有楚王后花园的一角大。齐王身边的乌有听了很不服,便搬出齐国的大海名山、异方殊类、珍禽怪兽、万端鳞萃等来和楚国攀比。司马相如借用子虚、乌有之口,赞扬帝王之家兴盛富有,让梁王心情大悦,认为他的才华无人可比,回去后,就把一把刻有"桐梓合精"的绿绮琴赏给了他。不用说,司马相如自此成了梁王的红人,宴乐做宾,出行相随。司马相如觉得在这儿过的才是自己想要的神仙生活。

可惜,好景不长,梁王短命,驾鹤西去。这帮文人骚客没了依靠,只好各奔东西。司马相如在这儿只混了个好吃好喝,一点钱没捞着。花钱买的官被他丢了,没法再回去,只好打道回府。

司马相如没想到,成都老家已是人去屋空。他在外这几年,光图自己高兴,也没跟家里联系。他老爹花光了家里积蓄,给他买了个官,原希望他光宗耀祖,谁知他一去五六年啥音信没有。老爹连想念带郁闷,一病身亡,家人离散,就剩下一个空宅院。

司马相如傻了眼。他虽长得身材魁梧,却什么活也没干过。上街耍把式卖艺,那是太丢人的事,他绝对不能干;靠耍笔头子又换不来一文钱。真是到了揭不开锅的地步。

万般无奈,司马相如才想到向王吉求援。他先给王吉去了一封信,还没忘附上那篇《子虚赋》，让王吉给他找个出路。

王吉这工夫正在为一件事着急上火，接到司马相如的信，他的心里不由一亮，觉得真是雪中送炭，贵人天降，立刻写了回信，让司马相如速来。

这正是：

> 人穷志短古同今，扶贫解困要真心。
> 趁危打劫非君子，胸怀坦荡人上人。

第二回 摆席设宴为脸面 弹琴弄曲求知音

临邛县城很小，从东门到西门，从南门到北门，都没二里半远，县城里有点什么新鲜事，不用过夜，全城的妇孺老幼就知道了。

这几天，县城里的人都在交口议论一件事。县太爷王吉每天都会领着一帮人，拎着礼物和吃喝，穿过南北大街，到城边一个僻静的小客栈去看一个人。有好看热闹的人跟去，总是看见县太爷对住在那儿的一个年轻人毕恭毕敬，那样子就像迎接上边来的很有权势的大官似的。很多人都觉得奇怪，要是上司来了，不住在县衙的公馆里，怎么会住在这么个不起眼的小店里呢？

卓文君虽足不出户，也知道了这件事。当天，王杳一进门，文君就从她喜不自禁的脸上猜到了，是司马相如来了。文君故意逗她："瞧你那眉飞色舞的样子，是有什么天大的喜事降临到你头上啊？"王杳正在兴头上，没有理会她的揶揄，兀自兴奋地说："你知道不知道，司马相如来了！"文君说："他来就来呗，干吗把你乐成那样子？"王杳说："他来了，你就不高兴？"文君说："我又不认识他，跟他也没什么关系，我有啥高兴的？"王杳撇撇嘴说："等你见了他，看你高兴不高兴！"

司马相如来到临邛的消息，早就传到了卓王孙的耳朵。他财大气粗,平时都不把王吉放在眼里。王吉听说文君守寡在家,曾托临邛的第二大户程郑透过话,想娶文君做二房,卓王孙鼻子一哼,连茬都没理。这会儿,王吉来了客人,他也没放在心上,无非是上边来的人,好吃好喝招待满意了,回去对朝廷说点好话,提个一级半级的,跟他毫不相干。可是程郑这人太要面子。他跟卓王孙说:"你没听说,来的这个司马相如可不是个一般人,他在皇上身边当官都辞职不干,在梁王那儿也是无人可比的红人,他到咱们这儿来,绝非无事闲逛。"

卓王孙不以为然地说:"你又不想巴结他当官,操那份闲心干啥?"

程郑说:"你没看城里有头有脸的都在争着抢着宴请他吗,都排不上号呢。"

卓王孙说:"怎么,你也想请他呀?"

程郑嬉笑着说:"人家都请,咱们不请,脸上也不好看啊!"

卓王孙不当回事地说:"中,那咱也就请请他,你去跟王吉说一下,定个日子。"

程郑第二天慌慌张张地跑来,说:"我去跟王吉说了,王吉说,司马相如不认识咱们,怕不能同意。"

"什么?"卓王孙一听,老大不高兴地说,"这个小子有什么了不起的,竟不给咱们面子?我去看看!"

卓王孙立刻去见王吉。他不客气地对王吉说:"你跟那个什么司马相如去说一下,我要在家里宴请他,让全城有头有脸的人物都来陪他,我就不信我请不动他!"

王吉虽说是县令,在卓王孙面前也端不起官架子,尽管是官大一级压死人,但那时候有钱就能买个比他大的官。说不定啥时候卓王孙上来了官瘾,拿出几百万钱买个大司马、大司徒、大司空什么的,那可是一瞪眼睛就能让他下台。再说,这会儿,王吉心里还藏着个鬼,讨好卓王孙还来不及呢。他和司马相如本来就设下一个圈套,等着卓王孙来钻,眼见鱼儿上钩,他兴奋得眼睛里直冒光。他故意板着脸,带着为难的口气说:"卓公的这份盛情是无人可比,下官都为之感动,不过,司马先生这人一向视钱财如粪土,不愿和豪门富户交往。"

卓王孙觉得很受侮辱,立刻满脸盛怒之色,大声说道:"屁话!我不是请不动他吗?我把全城的要饭花子都请来,告诉他们,之乎者也那一套,连粪土都不如!"

王吉赶忙堆起笑脸说:"您千万不要生气,我再去跑一趟,一定让他前来赴宴就是了。"

王吉去不多时,回来告诉卓王孙,司马相如已经答应了。卓王孙捻着并没有胡须的下巴,有点得意地说:"还算他识时务!"

卓王孙嘴上说瞧不起司马相如,司马相如答应前来赴宴,他还是挺当一回事的,让家里做了精心准备,美酒佳肴自不必说,全城的富甲名流也被请来撑门面,好不气派!

原定中午开宴,已是日上中天,大厅里酒肴都已摆好,客人都已落座,却不见司马相如的影子。卓王孙几次派家人前去司马相如的住地打探,都不见他的动静。客人都等得很不耐烦,议论纷纷。卓王孙更是心焦,几次催问王吉,王吉都说:"再等等,名人都是这样,不到时候不来。"卓王孙脸上挂不住,有点恼怒地对王吉说:"他是你的客人,我们是看着你的面子才请他的,让这一屋子人等他一个人,你的脸上好看啊?"王吉拉着长声说:"看来,只有我亲自去接他了!"

王吉去了一会儿,家人跑进来,对卓王孙说:"客人到了!"

这一声,恰似爆竹炸响,人群骚动,不由得出门观看。只见一个年轻人从县令的马车上从容走下来，王吉在前谦恭地引路，年轻人旁若无人地径入大厅。满屋的人都惊得瞪大了眼睛。眼前的这个年轻人身材魁梧但不失壮美，相貌堂堂但又倜傥隽秀，在所有华冠丽服的人中，他的一身素雅布衣装扮，立刻显示出了那种出众的优雅、超脱的气质。他的这个形象，立刻让所有的人在他面前都自觉矮了一截。

这天的宴席自然都以司马相如为中心，人们都争相向他敬酒。这种吃喝的场面，对司马相如来说司空见惯了，应付起来游刃有余，推杯换盏、有节有度，话语矜持，谁也不敢小看。满屋子的人都以为有身份有修养有品位的人都惜语如金，谁也不知道他是个结巴，轻易不敢多说话。

酒至半酣，王吉忽然站起来说道："承蒙卓公如此厚意款待我的好友司马先生，在座的各位也都屈驾作陪，美酒佳肴，醇厚可口。为表谢意，我想请司马长卿为诸位操琴一曲，以尽酒兴，各位意下如何？"

"好！"满屋人齐声赞同。卓王孙忙对家人说："快去把小姐的瑶琴取来。"

王吉说："不用，我的好友随身总是带着一把古琴，乃是梁王所赠的绿绮琴，可谓稀世珍宝，价值连城。趁此机会让大家开开眼。"

王吉话一说完，满座顿时鸦雀无声。王吉派在司马相如身边的仆人早已抱琴在旁等候。司马相如也没谦让，接琴在手，略一定神，手指轻触琴弦，悠悠的琴声如歌如诵，抑如江河静流，扬似瀑布飞溅，柔如轻风细雨，烈似万马奔腾。

不是琴好，确实是司马相如弹得好。在一个偏僻的小城里哪有机会听到这么好的琴声？不用说，卓王孙和那帮绅士名流听傻了眼，就连王吉也在心里犯嘀咕，他以为司马相如也和当时的文人都一样，只不过是用操琴来装门面，没想到这小子还真有点功夫。

大厅的一侧幕帘后面，有人禁不住喊出了声："弹得真好！"

大厅里本来静得连根针掉在地上都能听到响声，突如其来的一声喝彩，犹如一声爆竹炸响，让所有的人转过头去，朝那出声的地方张望。

司马相如说话迟钝，耳朵却很灵，他听清了是一个女子的声音，还有裙裾环佩的响动。无意间，他还从幕帘的空隙中看到了一个窈窕的身影。

躲在幕帘后面的是文君和王杳。王杳一早就来到了文君家，告诉文君，她已把文君写的《和子虚赋》，让哥哥王吉转给了司马相如。她非拉着文君躲在幕后，让文君看看司马相如的样子。刚才那一声叫好就是她喊出来的。

司马相如来到这个小县城，就听说了卓家有个全城出名的美女文君，新寡在家，他看了《和子虚赋》后，心里不免对这个女子多了几分敬仰和赞赏。他不知道刚才这声喝彩是不是出自这个女子之口，但他在看到那个身影之后，心里忽然一动，重新拨动了琴弦。他演奏的是一曲《凤求凰》：

> 凤兮凤兮归故乡，遨游四海求其凰。
> 时未遇兮无所将，何悟今兮升斯堂。
> 有艳淑女在闺房，室迩人遐毒我肠。
> 何缘交颈为鸳鸯，胡颉颃兮共翱翔。
>
> 凰兮凰兮从我栖，得托孳尾永为妃。
> 交情通意心和谐，中夜相从知者谁？

双翼俱起翻高飞,无感我思使余悲。

琴声如吟如诉,意深情长,是真心,还是试探?司马相如弹完最后一个音律,琴声戛然而止。满堂宾客只听其曲缠绵悱恻动心,不知其音婉转隐喻为谁。

司马相如知道,他弹的这首曲子对那些宾客而言纯粹是对牛弹琴,但是他不知道,他寄望的知音能否懂得他的心意?

这正是:

司马弹弦别有征,琴为媒妁曲传情。
满座酒客谁知觉,帘内红粉是文君。

第三回　文君有心投情郎　相如无意得美女

卓文君不仅有才有貌，还心灵手巧，活泼好动，司马相如的那点弦外之音她岂能听不出来？

一曲《凤求凰》，犹如干柴遇到了烈火，埋藏在文君心底的欲望之火顿时熊熊燃起，烤得她浑身热浪汹涌。她只看了司马相如一眼，那英俊硬朗、风流倜傥的身影如同雕塑一样，清晰、鲜明、牢固地镶嵌在了她的心上。

这是她梦中都期盼的一个人，这是她到如今最为动心的一个人，也是在这个世上再难遇到的一个人。

席散人去，王杳乐颠颠地坐着哥哥的马车回去，当然是为着能和司马相如在一起。路上，她迫不及待地对司马相如说："你的琴弹得真好！"

司马相如说："怎么好？"

"好听，我都差一点掉下眼泪！"

"幕帘后和你在一起的还有谁？"

"卓文君啊，是我拉着她在幕后。"

"是谁说的好？"

"我呀！我是忍不住才喊出声的！"

"她没说啥？"

"你说卓文君啊？她什么也没说，就是绷着脸皱着眉，好像不高兴似的！"

司马相如"哦"了一声，不再说话，陷入了沉思。

司马相如无论如何也想不到，这会儿，卓文君已经开门见山地跟她老爹吐露了自己的心思。

"爹，你知道刚才司马相如弹的是啥吗？"

"还能是啥，一支琴曲呗。"

"是《凤求凰》！你懂不懂是啥意思？"

"啥意思能怎样？不过就是好听点呗。"

"哎呀，爹，你不知道，那支曲子是弹给我的！"

卓王孙绷住了脸："什么，你是说，他是凤，你是凰，他的意思是要和你配对成双？"

"爹——"文君一向敢在爹的面前撒娇，她红着脸，拉住爹的手摇晃着说，"我看他……"

"打住！"卓王孙没让她说下去，"他这种人不靠谱！"

文君扭着身子说："怎么不靠谱了？都说他有才有艺，人也长得出众。"

卓王孙不屑地说："这种人就是一个看惯了风花雪月的公子哥，根本靠不住。"

"爹！"文君执拗地说，"女儿就是看他好……"

"别说了！"卓王孙没等她说完，就打断了她的话，态度坚决地说，"你要看上别人，爹都依你，就他不行！"

卓王孙说完，转身踱步而去。

卓文君回到屋内，又气又恼，眼泪直打转转。她不明白老爹为什么看不上司马相如，她也说不清自己为什么会对司马相如一见钟情。但她知道，在临邛这个地方，没有比司马相如更出众的人，错过了这个机会，恐怕今生再也找不到了。

卓文君忽然被自己吓了一跳，心怦怦地乱蹦。她的心里竟冒出一个胆大而又荒唐的念头——亲自去见他。她不知道司马相如弹的那支《凤求凰》是不是出自真心，会不会只是逢场作戏。那样的话，她贸然前去，岂不是自取其辱？她想了一下，拿来一张纸，对侍女艳红说："你去到司马相如那儿，把这张纸交给他，什么也不说，看他怎么样。再一个，你要记准到他住的客栈的路。"

艳红听王杳说过司马相如住的地方，知道怎么找。她很快见到了司马相如，把那张纸给了他，说："这是我家小姐让交给你的！"

司马相如说："你家小姐是谁？"

艳红说："我家小姐就是今天你去赴宴的卓家的小姐文君啊！"

"啊！"

司马相如接过白纸，心里突然一惊，又突然一喜。他那么聪明，岂能不知道这白纸无瑕的含义？说白了，他虽然知道卓文君美貌无比才华出众，到现在他还没有什么非分之想，也没敢想。他来到临邛求助王吉，只是要找个生活出路。那王吉给他出了个主意，表面上利用县官对他的尊敬和恭维，抬高了他的身价，定会有趋炎附势之徒上钩，说不定就能找个出路。他弹奏那支《凤求凰》也不过是一时心血来潮，含有戏弄的意思。没想到上钩的会是一个美人！

司马相如知道卓文君对他动了真感情。这可真是天上掉下来个大馅饼，能有这样一个美人投怀送抱，再有一个富甲一方的老丈人做后盾，一举双得,这样的美事打着灯笼都难找。

司马相如脑瓜转得快,他把那张纸原封不动还给艳红。

一个字也不写,比写啥都强,一切都在无言中,不管你小姐怎么想,都跟你一样,这招儿高不高?

艳红回来,把那张纸交给文君,她略一思忖,立即叫艳红帮她收拾一些随身所用的东西和衣物,又挑了几件首饰,俩人从后门悄悄出了卓府。

已是月上中天,繁星满天。卓文君和艳红来到客栈的时候,司马相如正在门外等候。文君并不羞涩,开口就说:"见君一面,心即所依,执手到老,苦乐与共,至死不悔!"

司马相如心中窃喜,面上却装作诚惶诚恐的样子说:"承蒙小姐垂爱,在下感恩不尽,生当比翼齐飞,死愿同穴相伴。如有二心,苍天不容!"说着就要下跪。文君一把拉住他说:"不用这样,我既与君私约,身心俱归君所有。但愿不要弃我就是了。"

司马相如拉住文君的手,嘴里连说着:"那是那是。"一边往屋里走,一边就要亲热。文君忙说:"君勿性急,我私自出走,家父知觉必来寻找,此地不可久留,速去他处为妥。"

司马相如说:"我在此地除了王吉,没有亲朋。"

文君说:"王吉之处不能去,家父在这儿找不着你,一定会去找他。"

司马相如说:"那只好跟我回成都老家。"

文君说:"好,你去找辆马车,咱们立即动身。"

司马相如和卓文君连夜走了。这个特大奇闻第二天就传遍了全城。

卓王孙简直气疯了,在厅堂里大骂不止。他一会儿骂女儿不要脸,败坏门风;一会儿骂司马相如是个骗子;一会儿骂县令王吉瞎眼,整来这么一个卑鄙小人。他下令要家人务必把文君追回来,还要把司马相如也抓回来,当众羞辱羞辱他。程郑拦住了他,说:"事已至此,你把他们找回来,羞辱的是你。不管怎么说,文君都是你的女儿,不如随了他们。"卓王孙气哼哼地说:"这样我也不能便宜了那小子,我就当没她这么个闺女,我的家产一分也不会给她!"

县城里还有两个人很难受,一个是县令王吉,另一个就是他的妹妹王杳。王吉心里是又憋气又窝火。他让司马相如来这儿,做出一副谦恭的姿态,原本是想给人留下一个好印象、好口碑,借这个赢得卓王孙的好感,让卓王孙把卓文君嫁给他。没想到螳螂捕蝉,黄雀在后,偷鸡不成蚀把米,费了很大的心机,最后给别人做了嫁衣。他除了在心里骂司马相如不够朋友,也只能是哑巴吃黄连——有苦说不出了。王杳原本想让哥哥做媒,把自己嫁给司马相如,忙了一阵,捞了个竹篮打水一场空,这会儿,她是想骂谁都找不着庙门,只好把眼泪往肚子里咽了。

这正是:

螳螂捕蝉雀在旁,无心插柳树成行。
心有灵犀天有意,郎才女貌造一双。

第四回　相如有图开酒馆　王孙无奈舍钱财

卓文君无论如何也想不到，在外人模狗样的司马相如竟穷得家徒四壁，一无所有。

一座破败荒凉的老宅，屋里挂满了蜘蛛网，几件陈旧的家具上铺着一层厚厚的灰尘，院子里遍地都是落叶和荒草，就连朱漆斑驳的两扇院门，开合都会发出滞涩的嘎吱声。

从一个富丽繁华的大院出来，一夜之间来到这孤寂冷清的新家，如同从天上突然坠入人间，巨大的落差让卓文君一时茫然不知所措。不过，她毕竟不是没有品尝过男欢女爱的姑娘，新寡在家，心中的那种欲望时时都像要喷发的火山，突然遇到自己最钟情的人，那种疯狂的冲动，别说只是贫穷，就是面对刀山火海，也是心甘情愿、在所不惜的。

打扫出一个床铺，卓文君就和司马相如紧紧地拥抱着倒在一起。一个久逢干旱盼喜雨，一个是风月场中鱼得水，二人是男贪女恋，极尽欢娱。

感情再好，也挡不了饥寒。过日子是实在的，一天天总得要有柴米油盐酱醋茶。司马相如家里分文没有，他又没有任何来钱的道儿，坐吃山空都不可能。好在文君随身带来了一些首饰，拿去当了，还不至于挨饿。就这样，俩人整天还沉浸在弹琴弄赋的欢乐中。

司马相如总能想方设法让文君忘掉眼前的困境，快乐起来。他把自己的过去讲得有声有色，让文君听得如醉如痴。他告诉文君，他家就他一个男孩，因为当地有个讲究，想要小孩好养活，都起名狗子，他的小名就叫狗子，因为他出生于读书人的家庭，就把狗子改成文雅的犬子，他的姓名就成了司马犬子，字长卿。后来，他读了春秋战国，很羡慕楚国的大夫蔺相如的为人，就改叫司马相如。

文君听了很感动地说："我也很敬佩蔺相如的胸怀气度，我希望你也成为他那样的人。"

司马相如态度很坚决地说："我辞官不做，回来过这种苦日子，就是为了等待时机。你相信我，为时不远，我定会成为一个那样的人！"

文君说："我当然相信你，要不，我怎能舍弃一切随君到此！"

接着，卓文君告诉司马相如，这几年她常常做一个梦，她被一个自己心爱的人带到一个非常美丽的地方，就在她要披上嫁衣的时候，心爱的人却突然不见了，怎么也找不着，醒来都会流下眼泪。她对司马相如说："我现在才知道，那个人就是你，你说，你能离我而去吗？"

司马相如搂住她，信誓旦旦地说："上天做证，我司马相如今生绝不会辜负你！"

卓文君捂住了他的嘴，温柔地说："你不要说了，就是真有一天你离我而去，我也无怨无悔。"

这样有苦有甜的日子终于熬不下去了，卓文君带来的值钱东西都卖光了，只剩下一件鹔鹴裘。司马相如拿出绿绮琴，愁眉紧锁地说："看来只能把它卖了！"

卓文君拦住了他，说："这把琴无论如何都不能卖！"

司马相如无可奈何地说："那你说怎么办？"

卓文君说："看来我们只有回临邛，我父亲不帮我，还有那些哥哥呢，找他们帮帮忙，总比在这儿强。再说，我父亲很疼爱我，不会忍心看我受苦不管。"

司马相如一拍大腿说："对，我还可以去找王吉，上次走得匆忙没有向他告别，我该道个歉，再请他帮帮忙。"

当下，卓文君变卖了最后一件值钱的东西——鹔鹴裘，雇了一辆马车，立即返回了临邛。不用说，司马相如和卓文君先得去找王吉。王吉一见司马相如，心里的气就拱到了嗓子眼，原本是想利用他给自己增加点身价，没想到反叫他捡了个大便宜。他绷着脸，冷冷地说："你小子抱得美人偷偷溜了，让我落了满身不是，你不在家享受，又来找我干啥？"

司马相如并不知道自己夺人所爱，只当是不辞而别，有失礼节，赶忙道歉说："小弟实是事发突然，不及告别，务请见谅。今日前来，还要请王兄帮忙。"

王吉拉着长声说："我猜你是要饭花子唱戏——穷欢乐完了，日子过不下去了吧？"

司马相如不好意思地说："你真猜对了，我是没有办法了，才又来求你。"

"这……"王吉眨眨眼睛，在地上转起圈来。

再说卓文君到后屋见了王杳，俩人一时都无话可说。卓文君知道王杳对司马相如有意在先，自己夺爱在后，说啥都觉得对不起好姐妹。王杳心里一直都在怨恨卓文君，自己是好心好意拉着她和司马相如见面，没想到他们会一见钟情，卓文君竟把自己的心上人夺走了。女人对什么都可以忍让，唯独感情不容侵占。她觉得这会儿说什么狠话，骂什么脏话，都排解不了心中的怨气。

卓文君忽然哭了。眼泪能让女人的心融化。

"你……"王杳一脸茫然。

卓文君一把抱住她，呜咽着说："我好苦啊！"

王杳惊讶地说："你怎么了？"

卓文君说："杳妹，你知道我跟他过的什么日子吗？"

王杳说："你们俩，一个美貌才子，一个绝色佳人，在一起当然过的是夫唱妇随的恩爱日子呀！"

卓文君悲戚地说："实话跟你说吧，他家穷得一文不名，眼下已经无米下锅了！"

王杳瞪大了眼睛说："怎么会这样呢？"

卓文君说："姐姐不会骗你，要不怎会来找你哥哥呢？"

大凡有嫉妒心虚荣心的女人，比上会心生怨气，比下会暗自得意。王杳听说司马相如是个穷光蛋，文君跟他没过上好日子，心里立刻平衡了许多，心中暗想：幸亏我没嫁给他，要是过不上荣华富贵的日子，活着还有啥意思。这会儿，她倒有些同情卓文君了。她对文君说："你先别急，我去跟我哥哥说！"

当卓文君跟着王杳来到前厅的时候，王吉已经想出了一个帮助司马相如的办法。他为想出这个办法而得意。他想用这个办法来让卓王孙丢丑，解解自己心中的闷气。他对司马相如说："我想好了，我有一个亲戚在离卓家不远的地方开了个小店，不想干了，你去接过来，改成酒馆。"

司马相如迷惑地说："叫我去卖酒？"

193

王吉拍着他的肩头说:"这样卓王孙才会为了面子帮你们啊!"

司马相如如梦初醒地拍着脑门说:"你这招儿棋真高!只可意会,不需言传。"说罢,俩人都会意地笑了起来。

小酒馆真的开张了,司马相如亲手题写了一块牌匾"王孙酒家",朱地白字,醒目地高挂在门前。卓文君一身用人装束,青丝用一条白绫束起,亲自在柜台里当垆提酒,毫不羞涩;司马相如腰系围裙,端盘送酒,长呼短应,接迎自如,真像个老练的酒保。

一个是县令敬重的名人,一个是卓府的千金,两个鼎鼎有名的人在这儿开酒馆,这个震得全城都晃动的消息,没用隔夜就家喻户晓,连孩子都知道了。

卓王孙听到这个消息,刚开始还以为是开玩笑,等到程郑急急忙忙地跑来,这才信以为真,他差点气昏过去,疯了似的大骂司马相如是个无赖、卑鄙小人;大骂女儿不要廉耻、败坏门风。盛怒之下要派人去砸了酒馆,把他俩赶出去。卓王孙的老婆心疼女儿,号哭着拦着不让,他的儿子也不同意这样做。卓王孙暴跳如雷地说:"他们在我的眼皮子底下这样做,不是在羞辱我吗?让我的脸还往哪儿放?"

程郑想了想说:"我看只有这样做,才能两全其美。"

卓王孙说:"你说怎么做?"

程郑说:"事已至此,不如成全他们,帮他们一把。"

"你说什么?"卓王孙吼着说,"我就知道他们这样做,就是想来敲诈我,没门!"

程郑说:"不管怎么说,文君都是你的女儿,你就忍心看她受苦?你帮他们一把,只不过是举手之劳,他们的日子好了,你的脸上也有光了。再说,我看司马相如总有发迹的那一天,你不能做到时后悔的事。"

卓王孙的老婆和儿子也都说司马相如肯定有出头的那一天，文君跟着他没有错。

卓王孙闷着头考虑了半天，叹了一口气说："好吧，既然你们都这样说，我就便宜了那小子，给他们一百万钱，一百个用人，让他们安心过日子。不过，得告诉他们，离我远一点，别让我看了心烦！"

这正是：

家贫无酒文君醉，琴富有音司马狂。

当垆涤器共甘苦，一曲同心赋华章。

第五回　文君细解《凤求凰》　司马畅写《上林赋》

司马相如和卓文君这一次返回成都跟上一次不可同日而语，真是天壤之别。回临邛卖了几天酒，就挣了个盆满钵满，一夜暴富，车马荣归。

这一回有了钱，司马相如装修了宅院，安置了用人，真正开始了无忧无虑的你吟我唱的快乐生活。

花前月下，卿卿我我，弹不尽的知音曲，说不尽的倾情话。

有一天，兴到浓处，司马相如不无得意地对文君说："那天，我为你弹奏《凤求凰》，不知道你是否能领会我的意思，其实，我还有一曲想弹给你，只是没敢冒昧，谁知，事情就真按我的想法来了。"

文君说："是什么想法，你说给我听听。"

司马相如说："我现在弹给你听听，看你能不能听出我的心思？"

文君说："好！"

于是，司马相如操琴弹唱：

有美人兮，见之不忘。
一日不见兮，思之如狂。
凤飞翱翱兮，四海求凰。
无奈佳人兮，不在东墙。

张弦代语兮,欲诉衷肠。

何时见许兮,慰我彷徨。

愿言配德兮,携手相将。

不得于飞兮,使我沦亡。

司马相如的琴音刚一落,卓文君就羞红了脸,娇羞地笑着捶打他说:"你真坏,你真坏!"

司马相如一边躲闪,一边嬉笑着说:"我怎么了?"

"你装什么糊涂?"文君说,"你张弦代语不就是要我和你私奔吗?"

司马相如故作惊讶地说:"你这么聪明吗?让我真不敢小看!"

文君依偎在司马相如的怀里,呢喃着说:"弹得琴一曲,抱得美人归,你想要的都得到了,我却把什么都舍弃了,你今生会不会再移情别恋、离我而去呀?"

文君说着,哽咽起来。司马相如慌忙抱住她,起誓发愿地说:"我司马相如今生能有你相伴,实是三生有幸。若是……"文君捂住了他的嘴,说:"不要说了,我相信你就是了!"

不知道为什么,卓文君的眼泪情不自禁地流了下来。

这一年,汉景帝死了,汉武帝即位。

汉武帝这个人不仅乐意听褒赏的言辞,更喜欢看赞美的文字。无意间,他看到了《子虚赋》,读完后忍不住大加赞赏,说:"这真是一篇难得的好文章,不知出自何人之手?"随后,他又不无遗憾地对身边的侍从说:"我身边要是有这样的人多好!"给他管理猎犬的狗监杨得意近前说道:"皇上要见这个人不难,我知道他。"汉武帝忙问:"这个人在哪儿?"杨得意说:"这个人就是曾给先帝当过武骑常侍的司马相如,和我是同乡。"汉武帝立即传旨:"速去把这个人给我召来!"

一道圣旨飞传成都,立刻打破了司马相如和卓文君二人你恩我爱、快乐平静的生活。

司马相如接到这道圣旨,有如天上掉下一个大馅饼,当然是喜出望外,巴不得立刻就赶到京城。这小家欢乐的日子,尽管有一个绝色美人陪伴,却犹如一种美食,天天吃就腻了,没味了。他向往的是那一种宫廷和官场的繁华生活。

卓文君看到司马相如高兴的样子,知道拦不住他,心里的悲伤让她把眼泪都流进了肚子里,一种说不出的预感像扇着羽翼的黑鸟飞来,用尖利的长喙剜得心头鲜血淋漓,让她痛不欲生……

司马相如到了长安,汉武帝见了他,免不了夸奖一番,说:"你写的《子虚赋》,是朕看到的最好的文章,朕一向爱才,决不会亏待你。"

司马相如看皇上真的很高兴,立刻精神大振,充满自信地说道:"《子虚赋》写的是诸侯小国狩猎的场面,不算什么。如果有机会跟皇上去狩猎,我一定会写出一篇更好的文章!"

汉武帝高兴地说:"好,明天朕就领你出去!"

第二天,汉武帝真的领着司马相如到上林苑去打猎了。

汉武帝酷爱打猎,当了皇上也常常偷着换上民服,溜出皇宫到山里去打猎。大臣们怕他这样容易出事,就建议在京城附近修了这个专供皇上行猎的上林苑,里面投放了各种各样的珍禽异兽。

上林苑占地足有上万亩,植树造林,修塘挖河,筑山垒岗,可谓场面浩大。但是跟原始的深山老林相比还是小巫见大巫。可是,司马相如跟着皇上去了一趟,没用几天就写了一篇《上林赋》。

不怪司马相如那么自信,他的才华确实给他争脸。这篇《上林赋》是接着《子虚赋》写的,他以亡是公对子虚和乌有说话的形式,极尽所能地夸张和炫耀上林苑的秀美壮丽、汉朝皇上游猎的盛大规模,以及大汉统一王朝的恢宏气势和显赫声威。他差不多用尽了溢美之词,网尽了天下美丽的景物。在他的笔下,汉天子行猎上林苑是一幅山川雄奇、花草繁盛、车马烜赫、扈从壮盛的画面。天子在狩猎时,活捉貔豹、搏击豺狼、徒手杀熊罴、踏倒野羊、击杀蜚廉、摆布獬豸、击杀虾蛤、用矛刺杀猛氏、用绳索绊取骚㲋、射杀大野猪;在捕获禽鸟时,践踏黑鹤、惊扰鹍鸡、抓捕孔雀鸾鸟、捉取鵕䴊、击落鹭鸟、用竹竿击打凤凰、疾取鹓䴔、追捕焦明。行猎完后,摆酒设宴,撞击千石的大钟,竖起万石的钟架,奏起尧时的舞曲,聆听葛天氏的乐曲,千人同唱,万人相和,宴会上汇聚了巴渝的舞曲,宋、蔡的歌曲,淮南的《干遮》、文成和滇的民歌,荆、吴、郑、卫的音乐,《韶》《濩》《武》《象》等舞曲……

汉武帝拿到这篇《上林赋》,看完了半天没吱声。司马相如瞅着皇上像傻了似的,心里不由得一阵发毛,是皇上没看中?

司马相如正在胡思乱想,汉武帝突然一拍龙案,大叫一声:"好!好!写得实在是好!"

皇上这一声叫好,等于放了一挂庆贺的响鞭,守在殿前的几十个大臣立刻跟着连声地叫起好来。

这帮大臣虽然根本都没看着这篇文章的一个字,但是他们都知道,皇上是金口玉牙,说啥就是啥,跟着说好就没错。

汉武帝龙颜大悦,把司马相如召至跟前,说:"朕不管你是忽悠也好,讨好也罢,总之,你的这篇文章,朕打心眼里喜欢。朕说过不能埋没你的才华,就凭你这篇文章,朕先封你为郎。好好跟着朕,将来还会提升你!"

司马相如凭着这点本事,一下子捞了个不大不小的朝官,自然就得留在京城,天天守在皇上身边。他想不想回成都,谁知道呢?

这正是:

> 历来君王喜恭维,才有媚臣可劲吹。
> 升官得宠第一招,汨罗屈魂可怨谁?

第六回　文君智回绝情诗　相如奇谕安民赋

不用说，在京城长安，司马相如过着"朝朝嗜酒朝朝醉，日日弄歌日日欢"的逍遥快乐日子。可是，在老家成都，卓文君却忍受着度日如年的熬煎。都说相思苦，痴情女子的相思要比黄连、苦胆苦上万倍。

卓文君本是一个多情女子，她把一颗心满腔爱都倾注到了司马相如的身上，想的是朝朝暮暮能相守、日日夜夜得缠绵。哪想到，司马相如进了京，一去几年无音信。她在成都虽然吃喝无忧，但身边除了侍女艳红，没有一个知心人，孤独、失落让她茶饭无味、夜不能眠。正是春花遍地争相吐艳的阳春时节，她触景生情，心里不免生出"忽见陌上杨柳色，悔教夫婿觅封侯"的痛感。老妈惦记女儿，曾派人来接她回去。她怕司马相如人来见不到，信来收不到，就守在家里死等。

功夫不负有心人，卓文君终于接到了司马相如的来信。她高兴得差点跳起来，连忙把信打开，急不可耐地看下去。然而看完信，她竟像一根木桩立在那儿，傻了！

司马相如的信上没有一句话，只写了"一、二、三、四、五、六、七、八、九、十、百、千、万"13个数字，唯独没有亿。

卓文君才思敏捷，不用多想，就猜透了其中的含义。他已无意于自己。

卓文君悲愤得想死的心都有，一下子病倒了。

几天以后，卓文君挣扎着爬起来，给司马相如写了一封回信："一别之后，二地相悬。只说是三四月，却谁知五六年。七弦琴无心弹，八行书无可传。九连环从中折断，十里长亭望眼欲穿。百思想，千系念，万般无奈把郎怨。万语千言说不完，百无聊赖十凭栏，九月重阳看孤雁，八月中秋月圆人不圆。七月半，焚香秉烛问苍天，六月伏天，人人摇扇我心寒。五月榴花红如火，偏遭冷雨浇花端。四月枇杷未黄，我欲对镜心已寒。急匆匆，三月桃花随水转。飘零零，二月风筝线儿断。噫！郎呀郎，恨不得下一世，你为女来我为男。"

卓文君把信寄走了，魂也随之飞了。她不知道自己的一片衷情能否挽回一颗走远的心。

这一天，卓文君正坐在窗前，看着天上南飞的雁群独自神伤，侍女艳红从外面慌慌张张地跑进来，连声喊着："小姐，小姐！"

卓文君吓了一跳，忙问："怎么了，这么慌张？"

艳红说："老爷回来了！"

卓文君没回过神来："你说哪个老爷回来了？"

艳红说："就是他呗！"

卓文君说："他是谁呀？"

艳红说："就是司马相如老爷呗！"

卓文君一时愣住了："他回来了？"

"哎呀，你还不信啊？"艳红急得红了脸说，"我刚在街上听说了，老爷他是奉命出使巴蜀，安抚百姓，功成回朝，特意绕道回来，官府都到城外去接了！"

卓文君好像还在梦中，没有醒过来。艳红拉着她说："小姐快去打扮一下吧，老爷很快就会回来了！"

原来，汉朝自高祖立业到汉武帝继业，成都以南的地方还没有正式纳入汉朝的版图，那里有好几个独立的小国，各自为政，互不往来。其中有个夜郎国，虽然国土很小，人也很少，但是因为交通不便，很封闭，从不跟外面来往。有一次，夜郎国王带着众臣出去巡游，走了不远就到了边境，国王指着脚下的土地问众臣："天下的国家哪国最大？"众臣讨好地说："当然是咱们夜郎国最大了！"走到一座山前，国王又指着山说："这世界上哪座山最高？"众臣应声说："哪座山也没有咱们这座山高！"没走多远，遇见一条小河，国王又问："这天下哪条河最长？"众臣齐声说："再也没有比咱们国的这条河长的了！"从此，夜郎国的国王就认为自己的国家是天下最大的了。汉武帝派卫青和霍去病平定了北方的匈奴之后，就想往南扩展，他先派了使者去走访西南各国，使者到了夜郎国，国王问他："你们汉朝有我们国家大吗？"使者回朝跟汉武帝一说，汉武帝觉得很可笑，就决定打通西南的道路，让那些小国出来见见世面，于是，派了一个将军唐蒙去开路。唐蒙到那儿征调了巴、蜀两郡的上千官吏和士卒，还从西郡征调了水路和陆路运输的劳力一万多人。他还把一些对他采用武力和强硬做法有意见的当地官员和将领都杀了，在巴、蜀两郡引起了很大的恐慌和骚乱。汉武帝听到这个消息，很不高兴，就派熟悉蜀地情况的司马相如去责备唐蒙，安抚当地的百姓。司马相如说话口吃，就写了一篇布告《喻巴蜀檄》，到那儿四处张贴，说唐蒙的做法违背了皇上的本意。皇上是想让边境安定，百姓安居。司马相如回朝之后，向汉武帝汇报说："唐蒙已经征服了夜郎，通往西南夷的道路也快完工，修路死了很多人，花的钱已上亿，当地官民和很多朝臣都反对用这样大的代价去征服那几个小国。"汉武帝问他:"你说该怎么办好呢?"司马相如说:"西南的邛、筰等国君长听说夜郎国和汉朝交往,得到很多赏赐,都想做汉朝的臣仆,希望按照夜郎国的待遇得到官职。这些小国都离蜀郡很近,道路很容易开通。早在秦朝时那里就设有郡县,到汉朝时才废止。现在开通那儿的道路,重设郡县,要比打通南夷的价值大得多。"

汉武帝很高兴,就加封司马相如为中郎将,乘坐四匹马的专车持节出使巴蜀。司马相如到了那里以后,利用巴蜀两郡的财力拉拢西南夷,邛、筰、冉、駹、斯榆的君长都同意做汉朝的臣子,拆除了设置的关隘,扩大了边界,西边到达沫水和若水,南边到达牂柯,开通了灵关道,在孙水河上建了桥,直通邛、筰。司马相如完成使命,回到成都,蜀郡官员出城二十里相迎。司马相如没有参加当地的宴请,直接回了老家。

一别几载,突然相见,卓文君如在梦中。她看见司马相如一脸喜色,精神焕发,显然,这几年的日子过得很快活。

司马相如看见卓文君怔怔地望着自己,不由得一笑说:"你怎么瘦了?"

一句话说得文君忽然哇地一声大哭起来,眼泪如断线的珠子噼里啪啦地成串往下掉。

司马相如一时慌了手脚:"你这是怎么了?"

文君还是捂着脸一个劲儿地哭,司马相如说:"我回来了,这是喜事,你应该高兴才是,怎么哭起来了呢?"

文君擦了一把眼泪,盯着他的眼睛说:"你还回来干啥?"

司马相如说:"我回来接你呀!"

文君说:"你不是已经无意于我了吗?"

司马相如微微一愣,啊了一声,说:"你是把那封信当真了?"

文君说:"不当真,你寄回来干啥?"

司马相如讪讪地一笑说:"我是实在想你,又见不到你,寂寞难耐,写给你玩的。"

"有你那么玩的吗?"文君又要落泪,说,"看了你那信,我连死的心都有了!"

司马相如慌忙赔礼说:"都是我的错,那只不过是我为了解闷想出的一个文字游戏,看你能不能猜出来!"

文君说:"要是你有那个心思,我猜出来能怎样?猜不出来又能怎样?"

司马相如连忙安慰她说:"都怪我想得不周,让你受苦了!"

文君长叹了一口气说:"我受点苦倒没啥,这样的玩笑万万开不得!"

司马相如笑嘻嘻地说:"就凭你那封回信,不要说我,铁石人也要被打动。"

文君正色说道:"那是我的一片真心,你知道就行!"

司马相如起誓发愿地说:"夫人,你放心,我就冲你这片心,到死也不会对不起你的!"

长话短说,司马相如在家住了几日,就要回京复命。这一次离开成都老家,除了出京时皇上赐给他的一辆驷马车,他又整了三辆。要知道,汉朝的车马的花费是相当惊人的,御史大夫和中郎将之类的官员一年的俸禄顶多就是2000石粮,一石是27斤,也就是54 000斤,但是一辆车和一匹马的价钱加上车马税就得500石,何况每辆车又多了3匹马,司马相如把家底搭上,再加上当地官员送的礼,置办完这些车马就啥也不剩了。但是司马相如没在乎,他整这么大的阵势,不是要回京显摆，而是要给他的老丈人看！

司马相如特意绕道回临邛。这一回，县令王吉早把一肚子的怨气抛到脑后，领着全城官员和富绅出城三十里相迎。他得巴结司马相如，希望司马相如能在皇上面前为他说几句好话，让他有机会升官。这时，王杳在家里真的生起闷气，她还没有出嫁，心里放不下司马相如，别的男人都看不上眼，高不成，低不就，她就索性不嫁了。想想就恨卓文君。

卓文君的老爹这会儿可美坏了，留姑爷在家住了五天，连摆了五天宴席，临走，又送了四辆驷马的豪车，让姑爷威风无比地上路了。

这正是：

高车驷马凯旋归，对镜红妆忙画眉。
但求从此无别苦，夫妻唱和总相随。

第七回　阿娇重金买旧爱　文君真情赋《长门》

司马相如回到京城，把家眷安顿下来，就去上朝复命。谁知，当场就被汉武帝革了职。原来，早就有人把他告了，两条罪状：一条是收受西南各国的礼物和蜀郡官员的贿赂，另一条是用超过规格的八辆驷马豪车招摇过市。汉武帝念他出使有功，没有没收他的钱财，也没治他什么罪，只是罢官了事。

司马相如在京这么多年，不会交际，没有几个朋友，朝臣都看不起他，只把他当个自视清高的酸臭文人。

没了官职，司马相如只好又带着文君返回成都老家。

官场古今如此，在位时，家里死条狗都会有人来吊唁，有点事就会有人来送礼。一旦下去，人们立刻就变了脸色，在街上对面相遇，都会装作不认识，扭脸而过。

面对门前冷落无人理的凄凉景象，司马相如一脸无奈，不时长吁短叹。卓文君却很高兴。她不喜欢那种呼朋唤友、花天酒地的生活，她要的就是这种无人打搅的俩人相守的日子。为了让司马相如高兴，从不下厨的她还尝试着亲自去做司马相如喜欢的饭菜。对于她来说，有司马相如在身边，就是她最大的快乐和幸福。

这样的日子大概过了半年，忽然，京城有人来见，汉武帝原来宠爱的皇后陈阿娇派人送来许多黄金,让司马相如给写篇文章。

原来,这个陈阿娇是汉景帝刘启唯一的同母姐姐馆陶长公主刘嫖的女儿。景帝死后,刘彻继位,成了汉武帝,陈阿娇做了皇后。可惜,好景不长,陈阿娇当了几年皇后,始终没生育,再加上她脾气暴躁,妒心甚重,皇上就有点不喜欢她了,特别是武帝的姐姐平阳公主把身边的歌女卫子夫献给皇上以后,皇上就很少到她宫中过夜了。陈阿娇听说皇上宠幸一个歌女,就常跑到皇上跟前又哭又闹,弄得皇上很恼怒,干脆不再理她了。陈阿娇失了理智,找了一个叫楚服的女巫在宫内对皇上喜欢的卫子夫暗行巫蛊之术,没过多久被人告发,武帝一怒,废了她的皇后之位,把她赶到长门宫,幽禁起来。陈阿娇入了冷宫,凄苦难熬,又心有不甘,忽然想到汉武帝很欣赏司马相如的文章,就想用重金让他给写一篇《长门赋》,诉说自己的痛苦,以此来打动皇上的心,挽回自己的地位。

司马相如听说陈阿娇要用一千两黄金来买自己的文章,立刻现出一脸苦相,说:"我赋闲在家,跟皇后的处境差不多,哪还有心思写文章?"来人央求说:"皇后知道当今皇上最喜欢你的文章,你要是嫌这些黄金少,皇后马上就可以再送来。"

司马相如还是直摇头:"我不是说我的文章多值钱,我是实在无能为力呀!"

卓文君淡淡一笑,对来人说:"你先住下吧,等过几天他的心情好了,就写给你。"

来人走了。

司马相如埋怨文君:"我说不能写,你怎么还应下?"

文君说:"你没心情写,我来写!"

"你能写？……"司马相如话到舌尖又咽了回去。

卓文君答应下来，自有她的考虑。一是面对着千两黄金，她不能不动心。虽说眼下还是衣食无忧，但司马相如不做官了，没了俸禄，又没有其他进项，长此以往，就会坐吃山空。二是她很同情陈阿娇，同是女人，知道那种没有男人宠爱的滋味儿。三是她自信比司马相如有真情实感，她也有许多憋在心里的话要说，正好借着这个机会倾诉。

卓文君所作《长门赋》大意如下：

有一位美丽的女子，轻摇玉步姗姗来临。

飘散的香魂不能再聚，只剩下我憔悴的孤身。

曾经许诺常来看我，却因有了新欢忘了旧人。

从此不再相见，只跟新来的美人寻欢亲近。

我做事很愚蠢，但我只是为了讨取君的欢心。

请给我哭诉的机会，盼望得到君的回音。

我宁愿把假话当作真言，期待我们能相会长门。

每天我都铺好床被，君却一次也不来临。

屋里屋外都孤寂清冷，送走狂风呼啸的夜晚又迎来寒冷的清晨。

站在高处眺望君的身影，我精神恍惚仿佛丢了魂。

乌云翻卷，天空布满阴霾，雷声滚滚如同君的车队来临。

飒飒的风吹动床帏，摇荡的树林传来阵阵香馨。

孔雀来朝，猿猴哀啸，凤凰展着翅膀飞入南方的树林。

沉重的伤感压在心上，走下兰台，又入深宫徘徊，从天明至黄昏。

雄伟的宫殿像上天缔造，巍然耸立与天堂靠近。

依着东厢更加惆怅，看着繁华红尘更加伤心。

玉雕的门金饰的殿，回声好像钟鸣，清脆而节奏均匀。

橡是木兰木雕刻，梁是文杏木做成，浮雕豪华密集，拱木华丽参差入苍穹。

迷蒙中都鲜明地聚在一起，仿佛都在吐露着芳芬。

色彩缤纷炫目，光芒灿烂神奇，宝石的砖瓦温润像玳瑁的花纹。

床上的帷幔总是打开着，玉带也始终钩着挂在两旁，静谧安稳。

深情地抚摸玉柱，曲台紧靠未央，白鹤哀鸣，孤单地困在枯杨林。

又是绝望的长夜，千种忧伤都空对厅堂呻吟。

唯有天上的明月看着我，夜色笼罩洞房，显得那么冷清。

抱瑶琴想弹出别样的曲调，这种哀思怎么能有天长地久的回音？

转换琴声，从凄婉转向激越，情意慷慨而深沉，包含着爱的忠贞。

宫女闻声落泪，哭泣织成一片凄凉、一片伤悲。

满含着悲痛唏嘘不止，站起身来还是彷徨和悔恨。

举起衣袖遮住满脸的泪珠，万分懊悔昔日的张狂和不慎。

没有面目再见人，颓然上床。香草做成的枕头，隐约躺着君身。

蓦然惊醒，一切都是虚幻，惶惶像要死去，人已无了灵魂。

鸡虽然啼鸣但还是午夜，挣扎起来独对月光伤神。

看那星辰密密横亘苍穹，毕宿、昂宿已移在东方，若现若隐。

庭院中月光如水，寒霜已在深秋降临。

夜深深如年，郁郁心怀，多少感伤、多少痛悔？

再也不能入睡，等待黎明，乍明复暗，长夜是如此无穷无尽。

唯有自悲感伤，年年岁岁，永不相忘，孤单一身，愁苦在心。

卓文君只用一晚的时间，一气呵成，就把这篇《长门赋》写完了。司马相如接过一看，瞅着卓文君，张着嘴，半天没出声。文君问他："你怎么了？"司马相如长出一口气，竖起大拇指说："自愧弗如！"

陈阿娇的人把《长门赋》取走了。

汉武帝看到了这篇文章，笑了笑，传令要司马相如回京，对于陈阿娇的事却只字未提。

陈阿娇白费了心思，只能孤独地守在长门宫，不久便郁郁地死去。

这正是：

金屋藏娇是美谈，谁知宫廷满仇怨。

长门一赋千金贵，难挡幽妇彻骨寒。

第八回　相如闲生娶妾意　文君痛词挽君情

　　歪打正着，司马相如做梦也没有想到，一篇《长门赋》，没有让汉武帝对曾经的爱妻心生恻隐，反倒对他特别垂青，让他官复原职。他高兴得抱住文君在地上直转圈，连声说道："谢谢你，救了我！"

　　文君忧郁地说："你能不能不去当这个官？"

　　司马相如郑重其事地说："皇上让我去，我怎敢抗旨不遵？"

　　文君说："咱们就在这儿过平平静静的日子不好吗？"

　　司马相如晃着头说："这儿怎比得上京城的繁华？这次回京又不是我一个人去，你我同行，何乐而不为？"

　　文君嘟囔着说："我看还是不去的好。"

　　司马相如有些不悦地说："你怕啥？难道你不想跟我一起去享荣华富贵？"

　　"我是怕……"没等文君说完，司马相如打断了她的话，不耐烦地说："你不总说要夫唱妇随吗，还怕我丢下你不成？快去收拾衣物，准备动身好了！"

　　司马相如和卓文君回到京城，相对安静平稳相守的日子大概过了一年，司马相如守在汉武帝身边也没什么正经事干，眼看着皇上沉迷于成仙得道的方术之中，无心打理朝政，他屡屡上书劝阻，惹得皇上很烦他，就把他改派为孝文园令，这是一个管理皇家墓园的闲差事，但是俸禄却不低。

京城长安，天子脚下，高官云集，豪富成群，烟花酒楼遍地皆是。司马相如没啥事，成天和霸陵侯下棋饮酒。霸陵侯是陵园的卫戍司令，一天更是啥事也没有，除了饮酒取乐就是出烟花进粉楼。所谓近墨者黑，司马相如跟他在一起还能有什么好？

这时候，司马相如已经得了消渴病，也就是糖尿病，这个病得了就没法根治，只能注意饮食和保养，一是不能饮酒，二是要节制房事。卓文君看到司马相如每天都醉醺醺地回来，很替他担心，劝他不要喝酒。司马相如喝醉了，舌头更不好使："不、要、管我，我、不、不喝酒、干啥？"

卓文君知道司马相如心很烦，有一次喝醉酒回来，她说了几句，司马相如推开她，口齿不清地说："你、不要、管我，管好你自己、就行！"文君有些莫名其妙地问他："我怎么了？"司马相如指着她的肚子说："你、你……"

卓文君立刻知道了他说的是什么，她和他在一起好歹也有十几年了，却一直没有孩子。她也渴望有一个孩子，那样，这个家也就完整了，可是，这个愿望却始终无法实现，她不知道是谁的原因，暗地里不知落了多少回泪。

司马相如一提到这个，文君就觉得自己理亏似的，立刻无话可说。

这一天，霸陵侯和司马相如聚在一起，俩人又要喝酒，忽然，霸陵侯说："老是咱哥俩喝太闷了，今天咱们换个地方喝。"

司马相如说："去哪儿？"

霸陵侯说："你跟我去就知道了。"

霸陵侯领着司马相如来到一家酒楼，找了个雅间落座，挥手对酒保说："去把石采玉叫来！"

酒保应声出去，转眼领进一个妙龄女子，怀抱一把瑶琴。司马相如搭眼一看，心头不由一颤，这个女子竟如当年的文君一样美貌，婀娜的身姿，娇羞的神态，还有那一头云鬟青丝，都一般无二。唯一不同的是这个女子的眼里多了几分伶俐和妩媚。

司马相如竟看得出了神。霸陵侯在他肩上猛地拍了一掌，哈哈地笑着说："怎么样，有这样的美色下酒，喝起来就另有一种滋味了吧？"

司马相如微微一笑，端起了酒杯。

霸陵侯眼盯着司马相如，说："这个小女子是我老家茂陵的人，说起来跟我还多多少少有点亲缘，天生能歌，又弹得一手好琴，只因家贫，无奈出来卖唱。我可跟你说了，人家可是卖唱不卖身！"

司马相如呷了一口酒，自我解嘲地说："既是你这样夸她，就让她弹唱一曲怎样？"

霸陵侯指着司马相如转头对那女子说："采玉，你知道这位是谁？"

采玉摇摇头。霸陵侯大笑着说："这位就是大名鼎鼎的奇才司马相如！写得一手好文章，也弹得一手好琴，你在高人面前，今天可要好好露一手！"

看得出来，霸陵侯是常来这里，和她很熟。那女子听说眼前的这人就是司马相如，显出一脸惊诧，继而又是嫣然一笑，轻轻地说："小女献丑了！"

司马相如想不到，石采玉弹的竟是《凤求凰》。琴声轻柔时如软语呢喃，琴声激扬时似畅怀倾诉。虽然当初他弹奏的《凤求凰》早已遍地传扬，他也听过无数遍，但是，他从未听过谁能弹得这么好，能够弹出其中暗藏的心意。

一曲弹罢，霸陵侯拍掌叫好。石采玉轻移莲步，踱到司马相如面前，轻启朱唇："小女班门弄斧，自知有误，还望指教！"

司马相如思忖一下说："你弹得不错，但为何总在'凰兮凰兮从我栖，得托挚尾永为妃'处停顿？"

石采玉一笑，说："不用我说，君自明白。"

自那以后，司马相如经常抛开霸陵侯，独自来到酒楼，和石采玉饮酒弹唱，时常夜不归宿。卓文君是何等聪明，早已从丈夫不再愿意和她同床共枕的变化中，知道司马相如已另有所爱，但她没有哭闹，也没有逼问，她要等着司马相如说出来。

终于有一天，司马相如主动说了："我有一件事要和你商量。"

文君沉稳地说："什么事，你说吧！"

"我想……"司马相如又结巴了。

文君说："你不用吞吞吐吐，有啥事你尽管说好了！"

司马相如说："你知道，我家只是我一脉单传，不孝有三，无后为大。"

文君接过话说："你是怪我没有为你生儿育女？"

司马相如说："我……我没怪你，我是……我是想再……"

文君说："再什么？你说好了！"

"再娶个妾！"司马相如鼓足了勇气说，"我没别的意思，就是想生个一男半女。"

文君说："你真是这样想的？"

司马相如说："我……我就是……这样想的，你要不同意……就拉倒。"

文君想了几日,终于想明白了,喜新厌旧是有些男人的天性,心要远去,就似断线的风筝,是扯不回来的。

司马相如已多日不归,文君写了一封信,要艳红送去,她知道司马相如在哪儿。

卓文君在信上写的是一首诗《白头吟》:

> 皑如山上雪,皎若云间月。
> 闻君有两意,故来相决绝。
> 今日斗酒会,明旦沟水头。
> 躞蹀御沟上,沟水东西流。
> 凄凄复凄凄,嫁娶不须啼。
> 愿得一心人,白头不相离。
> 竹竿何袅袅,鱼尾何簁簁。
> 男儿重意气,何用钱刀为?

意犹未尽,她又附书:群华竞芳,五色绫素,琴尚在御,而新声代故!锦水有鸳,汉宫有水,彼木而亲,嗟世之人兮,瞀于淫而不悟!

写到伤心处,文君又忍不住补上一首《诀别书》:朱弦断,明镜缺,朝露晞,芳时歇,白头吟,伤离别,努力加餐勿念妾,锦水汤汤,与君长诀!

卓文君的这种伤感离愁、惜别情怀,和对爱人的最后关切,铁石人看了也会心动,何况司马相如还是个性情中人。

几天以后,司马相如给文君回了一书:五味虽甘,宁先稻黍;五色有灿,而不掩韦布。惟此绿衣,将执子之釜,锦水有鸳,汉宫有木,诵子嘉吟，而回予故步，当不令负丹青，感白头也。

卓文君看了司马相如的回信，痛哭一场，亲自和艳红去把司马相如接了回来。

从那以后，司马相如再也没提纳妾的事，但他还是时不时地跑出去，夜不归宿。卓文君睁一只眼闭一只眼，懒得再去管他。

毕竟上了年纪，看淡了红尘。

没过几年，司马相如终因消渴病而死。失去了一生的真爱和最爱，卓文君如同失去了灵魂，抑郁难挨，第二年也香消玉殒，黯然离世了。

这正是：

  千古传唱泪下垂，道出真情却可悲。
  贪财恋势劫美色，人鬼不知谁是谁？

胡笳苦旅

第一回　蔡邕博学育才女　董卓霸道逼做官

　　这是平陵城东南高邈山下的一个小村庄，虽都是茅庐草屋，却也院落规整、排列有序，清静而安宁。小村背依郁郁莽莽的高山，前傍蜿蜒流淌的小溪，真是山清水秀。

　　在村东的一隅，有一个整洁的小院，皂荚和茅柳间杂而成的篱笆，草木搭建的三合屋，早晚从这里飘出的朗朗读书声和时而悠扬时而激荡的琴声，让这里充满了神秘的色彩和温馨的气息。

　　住在这个小院里的就是蔡邕的一家。

　　蔡邕怎么会在这里呢？

　　原来，蔡邕本在朝中担任议郎，桓帝和灵帝时，宦官和外戚互相争权。这些宦官仗着皇帝宠信，任用私人，败坏朝政，为害乡里，陷害无辜。他们的倒行逆施引起很多朝臣和士大夫的反对。虽然有这些正直的人士反对宦官，但是皇帝昏庸，不明是非，偏听偏信，杀了很多朝臣，造成了史上有名的"党锢之祸"。当时，皇宫里养的一只母鸡突然不下蛋了，鸡冠越长越大，有一天开始打鸣了。这在当时被认为是不祥之兆。灵帝慌了，忙招当时最有名的经学家蔡邕入宫，问他是怎么回事。蔡邕借机说这是宫里有小人在管不该管的事。灵帝说："你该说啥就说啥，不必顾忌，谁是小人，你都给我写出来。"蔡邕一看皇帝挺信任，就上了一道奏折，把谁是小人谁是君子都写在上面了。灵帝看了奏折，半天没说啥，只咳了一声。正巧，灵帝这工夫要出恭，就把奏折放在龙案上了，中常侍程璜在旁偷偷看了，其中有一句话："民间传说，又有一位程姓大人颇有权势，将要危害国家。"程璜吓得要死，他怕蔡邕借他的人头发起一场清除宦官的运动，就赶紧把这个消息传出去了。宦官们知道蔡邕奏了他们的本，立刻联合起来告发蔡邕，说他诬陷大臣，毁谤朝廷。还说他就是那只不该多管闲事的鸡，大逆不道，应该处死。汉灵帝本来就是个昏君，宦官说啥他就信啥。不由分说，立刻下令把蔡邕抓了起来。宦官们又买通了尚书令阳球，给蔡邕定了死罪。没想到宦官里有一个叫吕强的，平时很羡慕蔡邕的才学，也很敬重他的为人，就极力在皇帝面前为他说好话。灵帝也不想杀他，就免了他的死罪，改为全家充军到朔方郡。当时，将作大匠阳球是程璜的姑爷，又和蔡邕的叔父不睦，他就非要置蔡邕于死地，雇了个杀手半路去行刺。那个杀手很敬佩蔡邕的人品和才学，同情他，没有动手。阳球不死心，又派人去贿赂朔方地方监管蔡邕的部主，想投毒害死蔡邕。哪承想，那个部主也很敬重蔡邕，不但没害他，反倒把这个消息告诉了他，让他领着老婆孩子逃出朔方，避祸到这个偏远的山村。

村里的人善良朴实，跟蔡邕一家相处得很好。蔡家除了蔡邕、夫人和小女，只有一个多年的女佣跟随。蔡邕在这里已经住了好几年，来时，女儿文姬才刚会蹒跚走路，到现在已是一个能背诵上百本古书、写得一手好字，弹得一手好琴的十二三岁的少女。

不管怎样，文姬的童年都是幸福而无忧的。

蔡邕的书法忒好。他在订正《六经》时，刻了40多块石碑，立于太学门前，引来很多人驾着上千的车马竞相围观和拓印。可见他的书法影响力有多大！

蔡邕还是个大文学家、史学家。在朝时和避乱时，一直没停笔写《汉史》。他的琴也弹得非常好，而且，鉴赏水平也非常高。有一次邻居邀请他去喝酒听琴，到了邻居院里，他听出琴声里暗含杀机，吓得转身就走。恰巧邻居出来，问他为何要走，他说："我听出你的琴声里有杀心，所以要走。"那个邻居拍着头，惊讶地说："啊，我知道了，刚才，我正在弹琴时，忽然看见有一只螳螂跟在鸣蝉后面，那只蝉眼看就要飞走，那只螳螂却没有跟上，我怕它抓不住，所以就走了神，心思就在琴声里流露出来了。想不到，你居然听出来了！"

在蔡邕的身边，文姬耳濡目染，琴棋书画，无论哪一样都很精通。她六岁时，有一次，蔡邕弹琴弄断了一根琴弦，在外玩耍的文姬立即告诉父亲："第一根弦断了！"父亲很惊讶，以为她是蒙对的，就故意弄断了第四根弦，她马上又说："第四根弦又断了！"

蔡邕为女儿有这样敏锐精确的音乐鉴赏力而高兴，就更加在意对她的培养。

这一天傍晚，蔡邕和文姬在村边散步，忽听旁边一座正在做晚饭的草屋里传来一阵木柴燃烧的噼啪声，是那样清脆、响亮，还带着很是悠扬的节奏感。

父亲脱口说道："这是梧桐木的声音！"

女儿接声说道："这是造琴难得的好料！"

父女俩同时跑进草屋。父亲对正在烧火做饭的一个农妇说："你怎么把梧桐木当柴烧了？"

女儿伸手从灶膛里拽出一根已经烧着的木头说："把这样珍贵的木头烧了多可惜！"

那农妇说："这是我从山上捡来的，不知是啥，反正都当柴烧。"

父亲说："那么，你卖给我吧！"

农妇说："卖啥，一根柴嘛，你要有用，你就拿去好了！"

父女俩高高兴兴地把那根柴拿回家，用了足足一个月的时间，刻成了一把琴。不管怎样雕琢，琴尾处还是留下一块烧焦的痕迹，他们就给这把琴取名为"焦尾琴"。

月升日落，秋去冬来。这样的日子过得很快，文姬到了出嫁的年龄。

虽然是落难之人，蔡邕的名声在外，自然要给女儿找个不错的婆家。

偏巧，这时卫仲道家托媒前来。蔡邕知道卫家也是书香门第，家境也很殷实。卫仲道也是京畿一带有名的才子。两家一拍即合。文姬很快嫁过门去。

文姬出嫁时，带走了父亲写的《石经》《琴操》，还有那把焦尾琴。

要说文姬和卫仲道也是才子佳人，郎才女貌，婚后夫妻恩爱有加，志同道合。怎奈，卫家隐瞒了一个重要情况：卫仲道得了肺痨，严重到大口咳血。再加上新婚贪欢，不到一年便撒手西去。卫家本打算利用成婚来冲喜，没想到事与愿违，便把罪过推到文姬头上，说她克夫，是丧门星！文姬一怒，不顾父亲的劝阻，回了娘家。

恰在这时，京都发生了一件大事。宠信宦官的汉灵帝死了，汉献帝继位，汉献帝年幼，他的母亲何太后替他临朝。何太后的弟弟何进，时任大将军令，执掌兵权，他与袁绍合谋诛杀宦官。这个举动自然遭到宦官们的反对，靠着宦官当上朝官的一些人也反对。何进担心自己的力量不够，斗不过宦官一党，就急忙召集并州刺史董卓带兵进京。

董卓本是西北一霸，手下的兵将烧杀抢掳，无法无天，什么坏事都干，他带这么一帮兵到京城，那还有好？不管三七二十一，何进那派的，宦官那伙的，逮谁杀谁，连何太后也给杀了，把个小皇帝像玩偶一样抓在他的手里，任他摆布，由他代替皇帝发号施令，他因此被人称为窃国的董贼。

董卓的残忍暴虐、杀戮无辜和倒行逆施引起了全国上下的反对。拥有重兵的袁绍等武将首先起兵，联合各地兵马向洛阳进攻。董卓惧怕，一把火烧了京城，挟持皇帝和百官，驱赶全城百姓迁都长安。蔡邕和曹操都在其中。

蔡邕怎么会跑到董卓这儿来呢？

说起来，董卓这个人虽然暴虐，但他可不蠢。他刚进洛阳的时候，也想要极力拉拢人心，收买名士，用以装点门面。蔡邕这样的名士自然就在他的招贤名单之内。蔡邕岂能不知董卓是何等人物，受到董卓的征召，立即表示不去。董卓随后传令："你不知道我杀人如麻？你要不怕我杀你全家，你就不来。我还告诉你，你必须在五天之内前来报到，而且老婆孩子都得来，否则我照样杀你！"蔡邕倒不怕自己死，他可舍不得老婆孩子跟着担这个风险。

董卓对蔡邕还真是看重，一见面就以皇帝的名义封给他个侍御史，几天之内又让他两次升迁，先转为持书御史，随后又升为尚书，朝中凡有宴请，他都是场场不落。这样高的待遇不能不让他感念董卓的知遇之恩。

也许，命中注定，蔡邕会和董卓有这种生死的关联。

蔡邕不投董卓是死，投了董卓还是没有摆脱死。他女儿文姬的命运从此也与苦难连在一起。

这正是：

国运衰竭民不宁，鸡争狗斗奸妄生。

纵使才学富八斗，不敌肆虐一小兵。

第二回　曹操借刀杀董卓　文姬落难成胡妻

洛阳蔡府坐落在城南僻静的一隅，院落宽敞，三合式的青砖碧瓦院套，东西两厢为住屋，中间朝阳的厅堂宽敞而又明亮，这里既是书房、琴房，也是客厅。

蔡邕的这个家是董卓给选的，他常过来向蔡邕请教学问，听文姬弹琴。其实，这不过是他的借口，来看文姬才是他的目的。文姬的美貌和聪慧是出名的，他这个老色鬼岂能不动色心？但是，碍于脸面，他还不敢那么放肆，还得在蔡邕父女面前装得很斯文、高雅。

文姬很讨厌这个董卓，一看到他满眼的邪光心里就打颤。她不能不顾及父亲的脸面，不能让父亲为难，所以，董卓每次来，让她出来弹琴，她就面无表情地乱弹几曲，反正他也听不懂，心思也不在琴声里。只有曹操来时，她才会认真地弹上几曲。

曹操是这里的常客，不管怎么说，他也算个不错的文人，不然，董卓也不会轻易让他到身边。

曹操很仰慕欣赏文姬，更敬重她的父亲。

蔡邕也很看重曹操，他比曹操大二十来岁，却把他看成不一般的朋友，这是有原因的。那一年，太尉乔玄在洛阳病逝，其子乔羽请蔡邕给写碑文，蔡邕写出来，在座的曹操拍手叫好。乔羽乘兴请蔡邕和曹操游览古城名胜，在燧皇陵数百块碑中，发现有两块无字碑，蔡、曹二人不解。乔羽告诉他俩：相传千年前，燧人氏显灵，对宋国国君微子说，千年之后将有两个文豪到此，给我题写碑文。二位今天到此，可能是上天要让二位来完成燧皇之愿。当下，蔡邕提笔为一块碑写下"燧皇取火济天下，功德盖世昭日月"；曹操提笔为另一块碑写的只有一个字：龙。蔡邕挺纳闷，问曹操何意。曹操说："我写龙，是因为我们都是龙的传人。龙乘时变化，犹如人得志而纵四海，龙之为物，可比世之英雄！"蔡邕笑说："君写此字，莫非有此野心？"曹操慷慨直言："扫除群雄，统一天下，造福人类，有何不可？"蔡邕没再多问，他知道乔玄在世时就曾说过，曹操是个乱世英雄，果然，曹操的雄心壮志是要同燧皇一样流芳千古。有这等抱负的人，不能不让他从心底看重。

　　曹操常来蔡府还有一个不为人知的秘密，那就是寻机刺杀董卓。当初，董卓杀太后、挟幼帝，先是自封太尉，接着又改为丞相，"赞拜不名""剑履上殿""入朝不趋"，大权独揽。一些拥有兵权的武将袁绍、卢植、丁原等人都愤怒离去，在外结盟反董，曹操没有走，反倒接受了董卓的任命，当了维护京城安全的骁骑校尉。他受到了一些人责骂，说他趋炎附势，没有正气。曹操有自己的打算，他要做出英雄之举，一个人杀掉国贼。当时董卓是天怒人怨，人人皆想得而诛之。怎奈董卓力大，又是武夫，剑不离身，防范之心甚重。再加上他的干儿子吕布武艺高强，坐骑为日行千里的赤兔马，手使天下无敌的方天画戟。董卓仗着这个干儿子，才敢横行霸道。平日里，不管上朝还是在家，吕布都寸步不离地陪伴在左右，只有董卓来到蔡府的时候，才不让他跟着。一个是嫌他碍眼，再一个是怕他见了文姬动心思。董卓知道他这个干儿子比他还好色。岂不知,吕布正乐得不跟着,他正好趁这工夫跟董卓的爱妾貂蝉偷情,平日里董卓对他防范甚严,他正愁找不到机会呢。

曹操认准了在蔡府刺杀董卓是绝好的机会,一来,董卓到这儿不带佩剑,他怕文姬看了害怕;二来不怕蔡邕告发。虽然蔡邕跟董卓关系很好,但那只是表面现象,实际上蔡邕是惧怕董卓,也盼着他下台。

有一天中午,董卓在蔡府听琴听累了,躺在中堂的卧榻上睡着了。

这工夫曹操来了,他刚从司徒王允家中出来,怀里藏着一把七星宝刀。这把刀是王允给他的。王允告诉他,美女貂蝉本是自己府中的歌伎,他献给董卓就是想用美人计,离间董卓和吕布的关系,策反吕布杀掉董卓。七星宝刀本是王允家中祖传的镇宅之物,短小锋利,如今给他,就是看出他也有除掉董卓之心,希望他用来刺杀董卓。这工夫,貂蝉正缠着吕布,董卓一人在蔡府,正是下手的好机会。

曹操进了中堂,看见董卓面朝里睡着了,觉得机会来了,立刻踱到董卓身边,刚要举刀刺下去,偏巧董卓翻了个身,睁开惺忪的睡眼,一看曹操举着刀在他面前,一骨碌坐起来,喝问:"曹孟德,你要干什么?"曹操一惊,手里的刀差一点掉了。他慌忙跪下,灵机一动,说:"卑职刚刚得了一把宝刀,立刻赶来献给丞相。"

曹操双手举刀,递到董卓面前。

董卓接过刀,疑惑地看着曹操说:"你真是前来献刀?"

曹操腿肚子直打哆嗦地说:"微臣得此宝物,不敢私享,立刻想到丞相!"

董卓把刀压在曹操头上,轻轻一吹,立刻断了一缕头发,不由得大声说道:"好,难得你有此心,本丞相不会亏待你!"

曹操称谢退下，背后冒出一股冷汗。

董卓回去，拿出宝刀跟吕布炫耀。吕布生疑："曹操莫非是想行刺？"

董卓哈哈笑道："谅他也没那个胆！"

吕布说："是不是行刺，到他家一看便知。他要还在，就是献刀；他要跑了，就是行刺。"

董卓派人到曹操家中一看，曹操早已连夜跑了。

曹操虽然没有暗杀掉董卓，王允的美人计却收到了效果。吕布为得到貂蝉，到底把董卓杀了。

董卓被拖到市井暴尸，遭到万人唾弃，还有人在他肚脐眼上点着了蜡烛，肥得流油的董卓被烧了三天，还火焰熊熊。

吕布又成了王允的干儿子，要不，世人怎么说他有奶就是娘呢。

王允杀了董卓，又有吕布相助，自然在当朝说一不二，他恨透了董卓，凡是跟董卓有关系的，杀的杀，抓的抓，清洗得一干二净。

蔡邕遭难在所难免。

蔡邕在曹操刺杀董卓未成逃跑后，不由得发出一声叹息。不知他是为曹操失手而惋惜，还是怕自己受到无端的牵连。

蔡邕在听到董卓被吕布杀死的消息时，也是不由得发出一声叹息，不知他是为一代豪强暴尸街头而痛惜，还是为自己的命运而担心。反正，这一声叹息被人告发，他因此而送了命。

蔡邕当时正在写《汉史》，尽管有很多人替他求情，尽管他宁愿遭受肉刑，黥首刖足，像司马迁那样完成史书的撰写，但王允这人心胸狭窄，固执己见，处事极端，他大权在握，谁的话也不听，再加上对蔡邕早有成见，还是把他杀了。

曹操刺杀董卓不成跑了以后，蔡邕担心家人遭到不测，就让文姬母女回了老家陈留。

蔡邕被杀的消息，文姬并不知道，这工夫，她正在逃难的人群中。

董卓被杀不久，他的老部下李傕和郭汜带兵攻入长安，杀了王允，打跑了吕布，挟持了汉献帝。没过多久，这俩人因为利益纷争又互相打起来。中原一带兵荒马乱，李傕和郭汜的西凉兵和匈奴人乘机打劫，在陈留一带掳走上万妇女，蔡文姬就在其中。

蔡文姬的母亲和家人失散，不知死活。

蔡文姬毕竟不是普通人家女子，长得又美貌，举止、气度自是一般女子不能相比。抓住她的匈奴兵也想邀功，就把她献给了南匈奴左贤王。

这一年，蔡文姬 23 岁。

这正是：

作恶到头终有报，罪点天灯也该烧。

可叹无辜蔡家女，从此入胡路遥遥。

第三回　拥兵挟帝效董卓　黄金白璧赎文姬

在历史长河中，12年只不过是非常短暂的一瞬间；但在人生的轮回中，幸福的时光如同流水匆匆逝去，苦难的日子却如同冬夏交叠，漫长而难熬。

刺杀董卓失败，仓皇逃出长安之后，曹操在许都招兵买马，积蓄实力，12年里，攻占了中原一带的很多郡府，手下拥有了很多骁勇战将和得力助手，势力迅速扩大，剿灭和收降了北方起义的黄巾军，成为中原一霸。

这期间，京都长安一直混乱不堪，朝臣和宦官互相争斗夺权，军阀和军阀之间互相夺势。汉献帝也成了名副其实的傀儡。

曹操不愧为乱世之英雄。他自己不能称王，又想有皇上的权力，就学了董卓那招儿——带兵进京"勤王"，把皇帝挟持到他的老根据地许都。以皇帝的名义，自封为司隶校尉，录尚书事，授以节钺。司隶校尉是统管兵马的职务；录尚书事，即总领尚书台诸事，那时，朝廷实权在尚书台，录尚书事就是最具实权的人物了。而节钺就是皇帝委以重任的凭证，有了节钺，就有了代表皇帝行事的大权了。

曹操跟董卓一样，杀人不眨眼，当年刺杀董卓不成，逃跑路上，老友吕伯奢杀猪招待他，他以为磨刀是要杀他，就把吕伯奢一家四口全杀了。事后,知道错了,他还振振有词地说:"宁可我负天下人,不可天下人负我!"可见其残忍到何种程度。

但是曹操就是曹操,他是武将,也是文人,而且,还是相当不错的文人。要不,蔡邕不能拿他当朋友,文姬也不能对他有好感。

曹操的诗写得相当好。他不遵章法,不讲体例,全凭实感而发。

汉灵帝刚死不久,天下大乱,兵祸连年,人相啖食,白骨盈野,残骸余肉,臭秽道路。曹操心怀悲愤,写下《薤露行》:

惟汉廿二世,所任诚不良。
沐猴而冠带,知小而谋强。
犹豫不敢断,因狩执君王。
白虹为贯日,己亦先受殃。
贼臣持国柄,杀主灭宇京。
荡覆帝基业,宗庙以燔丧。
播越西迁移,号泣而且行。
瞻彼洛城郭,微子为哀伤。

这一天,在戎马倥偬之际,曹操在不经意间看到了儿子曹丕写的《秋胡行》:

朝与佳人期,日夕殊不来。
嘉肴不尝,旨酒停杯。
寄言飞鸟,告余不能。
俯折兰英,仰结桂枝。

佳人不在，结之何为？

从尔何所之？乃在大海隅。

灵若道言，贻尔明珠。

企予望之，步立踌躇。

佳人不来，何得何须。

不知哪根弦碰到了曹操心里最柔软的一个角落，竟让他无端生出了诸多感慨。眼瞅着人到半百，亲临了无数恶战，也目睹了无数花容。有的也曾揽入怀中，有的却是擦身而过。虽然枕边不乏妻妾，却无一个红颜知己。这种遗憾叫他自感时光已老，恐怕终身无法弥补了。

曹操想到这些，忽然想起了一个人，这个人似乎已经离他的记忆很远，但一经想起，竟是那样清晰、鲜明，仿佛就在他的眼前。

这个人就是蔡文姬。

其实，曹操在这些年里，也多次想起过蔡文姬，也试图找过她，但兵荒马乱，他疲于南征北战，偶尔想起也只是一闪念的工夫。他实在是无暇顾及。

这会儿，他已是雄踞中原的魏王，文人骨子里的那点柔情就有了泛滥的机会。

想到蔡文姬，曹操不能不想起往事。

当初在长安，曹蔡两家大人交好，孩子们也来往不断。蔡文姬和他的儿子曹丕、曹植互相仰慕敬重。读到曹植的《杂诗》"南国有佳人，容华若桃李。朝游江北岸，夕宿潇湘沚。时俗薄朱颜，谁为发皓齿？俯仰岁将暮，荣耀难久持"，文姬每每泪流不止，这首诗让她想起当年卓文君，自己的命运和她多么相似。但文君却能够为自己的幸福而勇敢地私奔。虽然老父也同意她再嫁，也曾为她物色过人选，可上哪儿遴选合适的郎君呢？

曹操心中涌起一股懊恼。他知道文姬曾经有意于自己。论年纪，他本是文姬的"父执"，蔡邕的朋友，也就是文姬的叔叔，但是文姬从不把他当成长辈，反而亲热地叫他"孟德"。这其中的含义不言自明。他每次到蔡府听文姬弹琴，董卓在时，文姬总是胡乱地弹奏一些杂曲。而当他单独在时，文姬则弹得非常投入，那琴音时而高亢欢畅，时而激情飞扬，时而柔情似水，时而缠绵悱恻。听得他心音跳荡，心向神往。他知道，文姬属意于他，不会计较给他做妻做妾，只要琴瑟和谐，效仿文君，年龄、名分、苦乐，她都不会计较。

曹操怎么能不心动？但他知道，儿女情长和天下大事孰重孰轻。他要干大事业，天降大任于斯人，就得抛弃卿卿我我、小家之欢。

曹操想到这里，不由得发出一声重重的叹息，为蔡邕的早逝，为文姬的不幸，还是为自己的遗憾，他说不清，也分不清。只是，这一声叹息确实是由内心深处发出。

事情有时很奇妙。偏巧，这时曹操征服了乌桓，北部的匈奴害怕曹操倒出手来攻打他们，急忙派了右贤王带来许多马匹、骆驼等礼物前来示好。曹操设宴款待，并安排了一队歌女表演。在看到弹琴的时候，右贤王无意间说道，他们的左贤王有一个夫人，是汉人，带着一把好琴，弹得也非常好，大单于搞什么庆贺活动，都让她弹琴助兴。很多匈奴妇女都在跟她学。

曹操心里一动，忙问："那个人姓啥？"

右贤王说："我记得好像姓蔡。"

曹操追着说："是不是叫蔡文姬？"

右贤王说:"对,是叫蔡文姬,她父亲是个有名的学士。"

曹操一拍右贤王的肩膀,大声说:"哈哈,真是踏破铁鞋无觅处,得来全不费工夫。我要找的就是她!"

右贤王疑惑地说:"你找她干啥?"

曹操大笑着说:"找她干啥不用你管,你回去马上把她送回来!"

右贤王说:"她是左贤王的夫人,怎么能说送回来就送回来?"

曹操倒背着手,踱着方步说:"你们左贤王怎么能配得上她?让她回来,我再给你们左贤王送一个夫人去!"

右贤王为难地说:"这事我做不了主,我得回去向大单于禀报。"

曹操立马严肃地说:"这事就这么定了,我派人前去给你们黄金千两,白璧一双,接回蔡文姬。你们大单于要是不同意,我们就刀兵相见!"

右贤王一见曹操发怒,慌忙退下,马上赶回匈奴。没过几日,南匈奴王呼厨泉单于亲自来到京都邺城,告诉曹操,蔡文姬已在路上,不日就到。

这正是:

乱世奸雄心也慈, 赋文作诗传后世。
善念一展思旧情, 归汉佳话属文姬。

第四回　文姬离胡别骨肉　胡笳动情诉伤悲

秋风萧瑟，黄尘飞扬，空旷无际的草原上，一队人马缓缓由北向南行进。

正是深秋，蓝得如洗的浩荡长空，不时有排着整齐队形的大雁悠悠地向南飞去，留下阵阵嘹亮的啾鸣，把这队人马渐渐甩在身后。

这队人马没有旌旗，前面却有骑马领队的武将，后边也有执剑扛戟的兵士。队伍的中间是两辆挂棚的辎车，车后跟着十几匹无鞍的良马，还有一群哞哞不止的光峰骆驼。

这是曹操派去迎回蔡文姬的队伍。

蔡文姬孤身一人坐在前边的辎车里，后边的一辆装着她的衣物，马匹和骆驼是丈夫左贤王送给她的分别礼物。

蛮荒的草原一望无际，吹过的风是黄色的，滚动的草浪是黄色的，满眼了无生机。

走在这样的路上，蔡文姬的心里是说不出的凄凉和悲伤。她无法排遣自己的痛苦，只能不停地吹着胡笳，用它来倾诉任何人都不能理解的哀愁。

12年了，她都遭受了什么？

自古都说红颜薄命。她虽然没有早死，但活着比死还要痛苦。虽然她有才有貌，却没有好夫好运。自打被匈奴兵掳去，她遭受了无数的凌辱，尽管有幸被左贤王收去为妻，格外宠爱，但左贤王性格暴戾，年纪又大。她感受不到夫妻的那种恩爱。作为人妻，她并不情愿地生下二子，是两个无辜的生命给了她活下去的力量，渐渐地适应了胡人那种生活。她思念亲人，思念故土，可时空隔断，只能望眼欲穿。她已经接受命运的安排，认可一生就这样度过了。

谁知，所有的一切，全在瞬间被打破了。

曹操派来了周进和董祀，带着重金和一对白璧，来接蔡文姬回国。粗蛮的左贤王本来对汉朝就不友好，再加上无端失去爱妻，他岂能同意？周进偏偏又傲慢无礼，张口就以曹丞相拥兵百万进行威胁，还说什么顺者昌逆者亡，气得左贤王就要拔刀相向。亏了董祀在关键时刻挺身而出，对左贤王说明曹丞相远征乌桓是对匈奴的保护，送来金银是为了示好。让蔡文姬回去，不是出于私情，而是要让她继承父亲的遗志，续写《汉史》，给子孙后代留下重要的史料。左贤王这才答应，只要文姬同意，他就放行，但是，按照匈奴的传统，孩子却一个也不能带走。

左贤王知道文姬特别喜爱两个孩子，那是她生命的支柱，本以为这样要挟，她就舍不得走了。

蔡文姬听说不让孩子跟着走，她确实不想走了。一边是她日思夜想的亲人和故土，一边是她的两个亲生骨肉，显然是要把她的心撕裂成两半，割弃哪一半，她的心都要流血。又是董祀亲自到文姬住处，跟她晓以大义。

董祀的老家也在陈留，跟文姬是老乡，还多少带点亲戚。他对文姬说，曹操一直很挂念她，在寻找她，对她寄予很高的期望。她应该摆脱儿女情长，完成父亲的大业。

蔡文姬就这样，带着一颗流血的心，踏上了回归故土的漫漫长路。

文姬在匈奴的12年里，适应了那里的生活，学会了吹胡笳。不知是匈奴人的粗犷所致，还是草原风情的影响，胡笳吹出的曲调总是流露出一种悲凉、苍茫和忧郁。

蔡文姬吹得太过悲怆和伤心了，吹得整个队伍的脚步都非常沉重。有的人情不自禁地流下了眼泪。

董祀抑制着心中的难过，对文姬说："你别吹了，这样要伤身体的！"

蔡文姬没有回答他，依然动情地吹着。

也许，任何人都不能理解，她不吹胡笳，怎么把满心的话说出来？

蔡文姬一路吹着胡笳，一边在心里写着一首歌。她回到京都邺城，就让人给曹操送去了《胡笳十八拍》：

我生之初尚无为，我生之后汉祚衰。天不仁兮降乱离，地不仁兮使我逢此时。干戈日寻兮道路危，民卒流亡兮共哀悲。烟尘蔽野兮胡虏盛，志意乖兮节义亏。对殊俗兮非我宜，遭恶辱兮当告谁？笳一会兮琴一拍，心愤怨兮无人知。

戎羯逼我兮为室家，将我行兮向天涯。云山万重兮归路遐，疾风千里兮扬尘沙。人多暴猛兮如虺蛇，控弦被甲兮为骄奢，两拍张悬兮弦欲绝，志摧心折兮自悲嗟。

越汉国兮入胡城，亡家失身兮不如无生，毡裘为裳兮骨肉震惊，羯膻为味兮枉遏我情。鞞鼓喧兮从夜达明，风浩浩兮暗塞昏营。伤今感昔兮三拍成，衔悲畜恨兮何时平。

无日无夜兮不思我故乡，禀气含生兮莫过我最苦。天灾国乱兮人无主，唯我薄命兮没戎虏。殊俗心异兮身难处，嗜欲不同兮谁可与语？寻思涉历兮多艰阻，四拍成兮益凄楚。

雁南征兮欲寄边声，雁北归兮为得汉音。雁飞高兮邈难寻。空肠断兮思愔愔。攒眉向月兮抚雅琴，五拍泠泠兮意弥深。

冰霜凛凛兮身苦寒，饥对肉酪兮不能餐。夜间陇水兮声鸣咽，朝见长城兮路杳漫。追思往日兮行李难，六拍悲来兮欲罢弹。

日暮风悲兮边声四起，不知愁心兮说向谁是？原野萧条兮烽戍万里，俗贱老弱兮少壮为美。逐有水草兮安家葺垒，牛羊满野兮聚如蜂蚁。草尽水竭兮羊马皆徙，七拍流恨兮恶居于此。

为天有眼兮何不见我独漂流，为神有灵兮何事处我天南海北头？我不负天兮天何配我殊匹？我不负神兮神何殛我越荒州？制兹八拍兮拟排忧，何知曲成兮转悲愁。

天无涯兮地无边，我心愁兮亦复然。人生倏忽兮如白驹之过隙，然不得欢乐兮当我之盛年。怨兮欲问天，天苍苍兮上无缘。举头仰望兮空云烟，九拍怀情兮谁为传？

城头烽火不曾灭，疆场征战何时歇？杀气朝朝冲塞门，胡风夜夜吹边月。故乡隔兮音尘绝，哭无声兮气将咽。一生辛苦兮缘别离，十拍悲深兮泪成血。

我非贪生而恶死，不能捐身兮心有以。生仍冀得兮归桑梓，死当埋骨兮长已矣。日居月诸兮在戎垒，胡人宠我兮有二子。鞠之育之兮不羞耻，愍之念之兮生长边鄙。十有一拍兮因兹起，哀响兮彻心髓。

东风应律兮暖气多，汉家天子兮布阳和。羌胡踏舞兮共讴歌，两国交欢兮罢兵戈。忽逢汉使兮称近诏，遣千金兮赎妾身。喜得生还兮逢圣君，嗟别二子兮会无因。十有二拍兮哀乐均，去住两情兮难具陈。

不谓残生兮却得旋归，抚抱胡儿兮泣下沾衣。汉使迎我兮四牡骓骓，胡儿号兮谁得知？与我生死兮逢此时，愁为子兮日无光辉。焉得羽翼兮将汝归，一步一远兮足难移。魂消影绝兮恩爱遗。十有三拍兮急调悲，肝肠搅刺兮人莫我知。

身归国兮儿莫知随，心悬悬兮长如饥。四时万物兮有盛衰，唯有愁苦兮不暂移。天高地阔兮见汝无期，更深夜阑兮梦汝来斯。梦中执手兮一喜一悲，觉后痛吾心兮无休歇时。十有四拍兮涕泪交垂，河水东流兮心是思。

十五拍兮节调促，气填胸兮谁识曲？处穹庐兮偶殊俗，愿归来兮天从欲。再还汉国兮欢心，心有忆兮愁转深。日月无私兮曾不照临，子母分离兮意难任。同天隔越兮如商参，生死不相知兮何处寻？

十六拍兮思茫茫，我与儿兮各一方。日东月西兮徒相望，不得相随兮空断肠。对萱草兮徒想忧忘，弹鸣琴兮情何伤？今别子兮归故乡，旧怨平兮新怨长。泣血仰头兮诉苍苍，生我兮独罹此殃。

十七拍兮心鼻酸，关山阻修兮行路难。去时怀土兮心无绪，来时别儿兮思漫漫。塞上黄蒿兮枝枯叶干，沙场白骨兮刀痕箭瘢。风霜凛凛兮春夏寒，人马饥豗兮骨肉单。岂知重得兮人长安，叹息欲绝兮泪阑干。

　　胡笳本自出胡中，缘琴翻出音律同。十八拍兮曲虽终，响有余兮思未穷。是知丝竹微妙兮均造化之功，哀乐各随人心兮有变则通。胡与汉兮异域殊风，天与地隔兮子西母东。苦我怨气兮浩于长空，六合虽广兮受之应不容！

　　未见其人，先见其文，曹操看了蔡文姬的《胡笳十八拍》，一只手在案几上连拍了几下，禁不住大声说道："果然是蔡邕的女儿，名不虚传！"接着，吩咐手下："让蔡文姬在驿馆歇着吧，不用来见我了！"

　　曹操知道，蔡文姬来了，要说的话，要诉的苦，已经都写在十八拍里了。他要是亲眼见着这个饱受磨难的女人，亲耳听见那痛不欲生的讲诉，他会流泪，也许会忘情地抱住这个曾在心中爱恋的苦命女人。

　　曹操不想失态，不想让人看出这份私情。

　　这正是：

　　　　八万日夜离乡井，裹毡饮酪别样情。
　　　　一朝断离亲骨肉，草木也有撕心疼。

第五回　曹操做主拉郎配　文姬痛写悲愤诗

百密必有一疏。曹操那么精明，却把一件非常重要的事情遗忘了——蔡文姬无家可归。

蔡文姬在回来之前，并不知道父亲已死，也不知道失散的母亲至今无有消息，不用说，十之八九已不在人世。她又没有兄弟姐妹，家已早毁，她去哪儿安身？

也许，蔡文姬要是早知道回来一个亲人也没有，连个立锥之地都没有，她也就死心，不会回来了。

既然已经回来，总不能住在驿馆。曹操想到这个问题时，认识到这是件需要立马解决的头等大事，他怪自己的疏忽，直拍脑袋。

当下，曹操和夫人卞氏商量，得给文姬找个丈夫，这才能从根本上解决问题，也解除了她的后顾之忧。

卞夫人说："现上轿现扎耳朵眼儿，上哪儿找那么现成的？"

曹操说："就因为不好找，才想让你帮着找嘛！"

卞夫人说："虽说她长得挺出众，可她已嫁过两个男人，又生过孩子，实在不好找。"

曹操说："不好找也得找，要不，我这好事就变成了坏事。"

卞夫人说："干脆，你就好事做到底，把她娶过来得了！"

曹操好色，卞夫人是清楚的。她原本是一歌伎，就是因为有几分姿色，被硬抢来的。打宛城时，守将张绣不战自降，因他把张绣的婶母邹氏招来做妾，导致张绣复叛，他身受重伤，儿子曹昂被杀，大将典韦也战死。他在和刘备围攻下邳时，吕布的部将秦宜禄不在城内。关羽跟曹操说，破了下邳把秦宜禄的媳妇杜氏给他做妻。破城后，曹操却抢先把杜氏据为己有。曹操还同他的儿子曹丕一起争过袁绍的儿媳甄氏，只因被曹丕抢先而作罢。他还想把东吴孙策和周瑜的媳妇大乔小乔夺过来，建个铜雀台供养其中。可见，曹操对别人的媳妇特别感兴趣。

算起来，曹操有名有姓的妻妾就有二十来个。

曹操听见卞夫人说到他的短处，一甩袖子：“这叫什么话？我要这样做，不是说明我是为了私情才把她接回来吗？再说，我已一大把年纪，哪还有那份心思！”

卞夫人乐了，说：“我是跟你说个笑话，你要娶她，我还不干呢！”

曹操绷起了脸说：“这是火烧眉毛的事，哪有工夫开玩笑？”

卞夫人也郑重其事地说：“我也没心思跟你开玩笑。你说你年纪大了不要她，那么哪个年纪轻的男人愿意娶她？”

曹操突然摸着脑门笑了，说：“你这句话倒提醒了我，董祀这个人不是现成的吗！”

"啥？"卞夫人惊得瞪大了眼睛说，"你是说那个屯田都尉董祀吗，人家才二十多岁，按说男人这个年纪早该成家了，他到现在还没娶，那说明他眼界高，没找着相中的。"

曹操说：“董祀文笔也很不错，我听他说过，很敬重蔡邕的才学，这次派他去接文姬，路上，文姬坐的车陷进沟里要翻了，是董祀奋不顾身跳下马去扶，结果碰断了腿，这几天文姬常去护理他，我看俩人关系挺亲密，文姬嫁给他，一定成！"

卞夫人一撇嘴说："得了吧，老话说，女大一不是妻，女大五，赛老母，文姬去照顾他，一是出于一种感激，二是把他当成小弟弟一样看待，俩人绝不会有那种意思。"

曹操捻着胡须，不容置疑地说："这个事，我说成就成，我说了就算！"

曹操说完，转身走出去。卞夫人冲他的背影使劲吐了一口唾沫："你就胡扯吧！"

不管董祀愿意不愿意，曹操一声令下，马上操办婚事，把蔡文姬嫁了过去。

当然，曹操很够意思，给蔡文姬陪送了不少嫁妆。

这以后，曹操忙于征战，难得有时间过问文姬婚后的生活。戎马倥偬之中，时间流逝很快。一年间，他没有见过文姬一面，只是陆续收到文姬转来的三段诗，这三段实为一首。第一段是：

汉季失权柄，董卓乱天常。
志欲图篡弑，先害诸贤良。
逼迫迁旧邦，拥主以自强。
海内兴义师，欲共讨不详。
卓众来东下，金甲耀日光。
平土人脆弱，来兵皆胡羌。
猎野围城邑，所向悉破亡。
斩截无孑遗，尸骸相撑拒。

马边悬男头，马后载妇女。
长驱西入关，迥路险且阻。
还顾邈冥冥，肝脾为烂腐。
所略有万计，不得令屯聚。
或有骨肉俱，欲言不敢语。
失意几微间，辄言毙降虏。
要当以亭刃，我曹不活汝。
岂敢惜性命，不堪其詈骂。
或便加捶杖，毒痛参并下。
旦则号泣行，夜则悲吟坐。
欲死不能得，欲生无一可。
彼苍者何辜，乃遭此厄祸。

第二段是：

边荒与华异，人俗少义理。
处所多霜雪，胡风春夏起。
翩翩吹我衣，肃肃入我耳。
感时念父母，哀叹无穷已。
有客从外来，闻之常欢喜。
迎问其消息，辄复非乡里。
邂逅徼时愿，骨肉来迎己。
己得自解免，当复弃儿子。
天属缀人心，念别无会期。

存亡永乖隔，不忍与之辞。
儿前抱我颈，问母欲何之。
人言母当去，岂复有还时？
阿母常仁恻，今何更不慈？
我尚未成人，奈何不顾思？
见此崩五内，恍惚生狂痴。
号泣手抚摩，当发复回疑。
兼有同时辈，相送告离别。
慕我独得归，哀叫声摧裂。
马为立踟蹰，车为不转辙。
观者皆歔欷，行路亦呜咽。

第三段是：

去去割情恋，遄征日遐迈。
悠悠三千里，何时复交会？
念我出腹子，胸臆为摧败。
既至家人尽，又复无中外。
城郭为山林，庭宇生荆艾。
白骨不知谁，纵横莫覆盖。
出门无人声，豺狼号且吠。
茕茕对孤景，怛咤糜肝肺。
登高远眺望，魂神忽飞逝。
奄若寿命尽，旁人相宽大。

为复强视息，虽生何聊赖？
托命于新人，竭心自勖厉。
流离成鄙贱，常恐复捐废。
人生几何时，怀忧终年岁。

曹操在战事纷繁的空隙，看了文姬的诗，来不及多想，只是让他感同身受地体会到了一个有才华的女子所遭受的种种折磨和苦难，感受到了内心的一阵阵疼痛。这又让他无形中又有了一种说不清的自责，感到有些愧对老友蔡邕。不过，他的心中也升起一丝疑惑和不安：本该处在新婚喜悦和幸福当中，她怎么会有心情去揭自己心灵里的伤疤呢？

这正是：

蝶恋鲜花蜂采蜜，男欢女爱皆有意。
强扭瓜来是苦果，一生相守为夫妻。

第六回　曹操杀人泄私愤　文姬救夫动真情

赤壁大战，曹操心里又紧张又焦虑，这是关乎他和刘备、孙权三方谁能最后胜出的生死一战。

就在这个节骨眼儿，曹操又接到了蔡文姬的一首诗：

嗟薄祜兮遭世患，宗族殄兮门户单。
身执略兮入西关，历险阻兮之羌蛮。
山谷眇兮路漫漫，眷东顾兮但悲叹。
冥当寝兮不能安，饥当食兮不能餐。
常流涕兮眦不干，薄志节兮念死难。
虽苟活兮无形颜，惟彼方兮远阳精。
阴气凝兮雪夏零，沙漠壅兮尘冥冥。
有草木兮春不荣，人似禽兮食臭腥。
言兜离兮状窈停，岁聿暮兮时迈征。
夜悠长兮禁门扃，不能寐兮起屏营。
登胡殿兮临广庭，玄云合兮翳月星。
北风厉兮肃泠泠，胡笳动兮边马鸣。
孤雁归兮声嘤嘤，乐人兴兮弹琴筝。

音相和兮悲且清，心吐思兮胸愤盈。

欲舒气兮恐彼惊，含哀咽兮涕沾颈。

家即迎兮当归宁，临长路兮捐所生。

儿呼母兮号失声，我掩耳兮不忍听。

追持我兮徒茕茕，顿复起兮毁颜形。

还顾之兮破人情，心怛绝兮死复生……

曹操看罢这首诗，勃然大怒。品诗如同品人，文姬新婚蜜月当中，一而再再而三回忆痛苦的往事，说明她现在的生活并不幸福。不用说，是董祀没有真心对她，让她陷入了更加痛苦的深渊。

事实也是如此。董祀娶文姬为妻，并不心甘情愿。他能文能武，风华正茂，又有很不错的职务，一直没娶，不是找不着，而是没有找到看上眼的。他的心气高是很正常的。他对文姬有好感，是因为她有才，同情她的不幸遭遇。俩人年纪又相差那么大，做长辈，做姐弟都可以，根本没想到会成为夫妻。文姬对于自己的婚事已经很麻木，对于曹丞相的美意她无法拒绝，哪怕让她嫁个瞎子瘸子都无所谓了。让她和董祀成婚，她有点受宠若惊，像在一场梦中。她觉得自己已是残花败柳，能够过上安安稳稳的日子，就心满意足了，所以，自打成婚后，她把自己当成一个用人，小心地伺候丈夫，百依百顺，从不说半个不字，唯求丈夫能够成为后半生的依靠。

事与愿违，董祀本来对曹操硬性的安排心有怨气，无处可发。文姬的逆来顺受，更让他胸闷难耐，他整日不是喝大酒，就是拿属下撒气。

当时，董祀正在离京都邺城五百余里的一个城郡当都尉。曹操给郡守来函，让他调查一下董祀。曹操没有具体说调查啥事，只不过想通过这个举动来个敲山震虎,让董祀知道,尽管他有一千个一万个不满意,他也得好好对待文姬,曹操的眼睛在盯着他。哪知道,这个郡守最会阿谀奉承、揣摩上级的意图,就给董祀罗列了很多罪行,说董祀对丞相不满,背地里经常辱骂丞相;说董祀对待文姬就像对待丫鬟,经常打骂;还说董祀酗酒行凶,毒打下属。然后派了专人把材料送到曹操手中。

曹操在战场上很不顺,心情自然不好,看了这个汇报材料,对董祀立刻起了杀心。曹操向来如此,说杀人就杀人,而且还不是师出无名。

曹操给这个郡守又发去一份手书,他知道,董祀对文姬不好,对他不满,都不能成为杀人的借口,只有在第三条上下功夫。他在手书里只写了"坐实余罪"。郡守对此心领神会,一面把董祀下狱,一面送上"虐杀下属"的呈文。

杀人偿命。曹操立刻批了"斩立决"的回文。

这一天,曹操正在府内和一帮臣僚议事,忽然有差役进来禀报,说有一行乞女子在门口,口口声声要见丞相。曹操感到很奇怪,忙传话让她进来。曹操这一点很好,平民百姓有事找他,他是从不拒绝的。

行乞女子进门,就匍匐在地,冲曹操磕头:"罪女子叩见丞相大人!"

曹操心里不由得一惊,声音怎么这么熟?"你站起身来,有什么事尽管说!"

行乞女子站起来,曹操惊得张大了嘴,瞪大了眼睛。眼前这个女子虽然蓬头垢面,衣衫不整,披头散发,光着两脚,他还是认出了,是蔡文姬!

蔡文姬未语先哭。

在场的臣僚大都和蔡邕相熟,也见过文姬,见她如此模样,都很惊讶。

曹操说:"你不是和董祀在一起吗,怎么孤身来到这里?"

文姬擦了一把眼泪说:"丞相不知董祀被抓入狱吗?"

曹操说:"我知道啊!"

文姬又说:"是丞相要置他于死地吗?"

曹操说:"董祀杀人,其罪当诛。"

文姬说:"且不论董祀是否杀人,丞相将我许他为妻,你要杀了他,我岂不又要无亲无家、无依无靠,你要我从胡地回来干啥?"

"这……"曹操沉吟一下,说,"我听说董祀待你不好,你为何还要替他说话?"

文姬哭着说:"古人云:女子从一而终,我已三嫁,早该弃世,就请丞相发话,让我陪董祀一起去死吧!"

曹操说:"你还有大事要办,承父志,续汉史,非你不可。"

文姬说:"董祀如死,我心即死,还有什么大事能办?"

曹操张了张嘴,没有说出话。很多臣僚都唏嘘有声,纷纷开口为文姬求情。曹操叹了一口气说:"看在你父亲的情分和你一片救夫的苦心上,我本打算免了董祀的死罪。可我的批文已经发出,来不及更改了!"

文姬说:"你手下的兵丁上万,厩里的好马上千,你就不能舍出一个兵一匹马去追回批文吗?"

曹操一拍脑袋说:"我这头风病又要犯了,糊涂了!"

当下,曹操重写了手令,派了一个得力的部下,选了一匹良马,即刻启程。

曹操让文姬到内室换了衣裙鞋袜,在府内住下。

曹操得闲与文姬说起蔡邕有很多珍贵的藏书，都因为变故，一本不存，他很是惋惜。文姬说："父亲所藏几千书籍，我看过十之有一，至今还都记得。"

曹操一听，大喜过望地说："太好了！我马上安排十个书吏，你来口述，让他们记录下来。"

文姬说："自古男女有别，授受不亲。有劳丞相给我一支笔，备下帛绢即可。"

过了十余日，董祀亲自来到邺城，感谢丞相不杀之恩，同时接文姬回去。这时，文姬已写出两三本书，让臣僚看了，都说一字不差。曹操感慨地说："真不愧是蔡邕之女！"

蔡文姬饱经苦难，看淡了世态炎凉，劝董祀辞官回家。董祀感激文姬一片真心，听她之言，向曹操递交了辞呈。曹操也感到文姬该有一个安静的环境，才能安心写书，就准了董祀的请求。两口子临走前，曹操又赠送了一些银两。

蔡文姬和董祀回到陈留老家，过起了恩爱的夫妻生活。一年后，文姬生了一个女儿，曹操闻讯，特意在出征途中绕道去看望，鼓励文姬一定不负众望，写好《汉史》。

这正是：

文姬归汉古相传，曹操是奸也心贤。

一曲胡笳十八拍，动情动容唱千年。